“马”道微信

全面拆解微信营销模式

马佳彬 著

電子工業出版社
Publishing House of Electronics Industry
北京•BEIJING

内容简介

如果说QQ是传统移动互联网用户之间沟通的根基，那么微信就是移动互联网用户之间、用户与企业之间的沟通工具。本书以国内知名微信营销专家马佳彬老师多年的网络营销经验和对微信营销的研究及实战成果为基础，根据不同群体的需求，从理论层面到实战操作，全面系统地介绍微信营销的核心价值、会给商家企业带来哪些机遇、微信实操运营的技巧。从专业的角度对多个行业微信营销方案进行深度解剖，并总结出可行性思路以供读者参考。

图书在版编目（CIP）数据

“马”道微信：全面拆解微信营销模式 / 马佳彬著. —北京：电子工业出版社，2014.3
ISBN 978-7-121-22317-4

Ⅰ.①马… Ⅱ.①马… Ⅲ.①网络营销—营销模式—研究 Ⅳ.①F713.36

中国版本图书馆CIP数据核字（2014）第004087号

责任编辑：徐津平
印　　刷：北京天来印务有限公司
装　　订：北京天来印务有限公司
出版发行：电子工业出版社
　　　　　北京市海淀区万寿路173信箱　　邮编：100036
开　　本：720×1000　1/16　　印张：10.5　　字数：176千字
印　　次：2014年3月第1次印刷
印　　数：4000册　定价：39.00元

凡所购买电子工业出版社图书有缺损问题，请向购买书店调换。若书店售缺，请与本社发行部联系，联系及邮购电话：（010）88254888。

质量投诉请发邮件至zlts@phei.com.cn，盗版侵权举报请发邮件至dbqq@phei.com.cn。

服务热线：（010）88258888。

本书好评

微信给移动互联网业务及其商业模式带来的巨大冲击已经成为当下最热门的话题之一。作为微信营销的资深实践者，我认可本书关于微信营销的相关理论、平台操作方法以及具体的应用实战技巧。希望本书能对想在微信营销领域布局的商家、企业以及个人有所帮助。

——**管鹏**（皮皮精灵VP、K友汇发起人、炎黄网络CEO、V5推推创始人）

好多企业不懂怎么应用微信，本书的作者马佳彬是微信营销领域的先驱和实践者，他毫无保留地将自己的微信营销经验汇聚在本书中，从初学到实战应用一步步教会读者如何将微信玩得透彻。实用价值高，强烈推荐！

——**青龙老贼**（《微信终极秘籍》作者之一、WeMedia自媒体联盟负责人）

老马在微信领域与网络营销方面有着丰富的实战经验，本书凝结了他对多个微信营销案例的独特分析和操作技巧的探索总结，值得好好细读。

——**方雨**（微信FM总裁、清华大学移动电商讲师《微信终极秘籍》作者之一、国内知名微信营销专家）

随着竞争越来越加剧，每个人都在寻求目标突破。移动互联网的时代已经到来，从商业模式到营销思维都在面临巨变。微信作为移动互联网的超级入口，带给我们无限的机遇，而这本书也给予了大家运用微信的新启迪。

——**赵黎**（《微信终极秘籍》作者之一、北京盛世瑞智国际文化传媒集团总裁、深圳市文化创意产业协会常务副会长）

不只是微信营销新手，就算是经验丰富的营销达人，都可以将本书当成必备读物。

——郭吉军（360联盟总监）

本书在两个层面上效果都很明显。对于刚开始接触微信营销的人来说，本书阐述了微信这个工具的营销魔力以及对移动互联网的影响，提供了全面性的操作指引与技巧；对于专业人士来说，本书从独特的角度分析了微信营销的方方面面，最终回归营销的本质，值得收藏！

——杜永光（亚洲微营销训练权威专家）

这是一本既有理论高度又有实践指导意义的微信营销宝典。

——单仁（单仁资讯集团董事长、中国电子商务协会网络营销推广中心主任、中国第一个《实战网络营销——网络快速赚钱系统》课程创始人、CCTV-2财经频道特约评论员）

微信5.0的问世，引起新一轮社会化媒体的变革。对于企业来说，微信营销是一个绕不开、必须重视的问题，也给企业带来了无限的机遇。本书凝聚了马老师对微信营销研究的成果与多年的网络营销经验，内容精彩、实例丰富，极具指导性。

——潘越飞（搜狐IT主编、WeMedia联合创始人）

作者是一个很年轻而且在微信运营上非常有经验的专业人士，比一般夸夸其谈的讲师强很多。这本书是少有的以实操为核心的微信书籍，值得每一个对社会化营销感兴趣的人认真阅读。

——万能的大熊（知名自媒体意见领袖）

未来是移动互联网时代，而想做好移动互联网的网络营销，微信是最重要的渠道和入口之一。因此互联网推广工作者都有必要了解微信并学习微信营销。而了解微信，学习微信营销就可以从这本书开始。

——牟长青（28推创始人）

随着微信的火爆，自2012年以来，微信营销也得到了蓬勃的发展，特别是2013年，仅上半年就涌现出多本微信营销方面的著作。和其他著作相比，马佳彬的这本虽然出版时间不算早，但是内容却更加成熟和完善，值得一读。

——江礼坤（落地式网络营销系统创始人、《网络营销推广实战宝典》作者、推一把网创始人）

微信，作为一种全新的移动社交工具，不仅改变了全球互联网对中国本土互联网产品的看法，也创造出了全新的移动互联商业机会。如果说微信对现有的大量互联网产品、服务及其商业模式有颠覆性作用，那么微信营销的变革则是企业营销历史上的一次重大的变革，它的营销本质和核心方法将与现存的所有媒介都不相同，微信营销真正的魅力就是让顾客从信赖企业变成依赖企业。微信，它让很多人感到恐惧，同时它也让很多人看到了“弯道超车”的希望。本书从理论高度及实战技巧方面对微信营销进行了缜密的阐述，每个人都可以在书中寻得启发与收获，强烈推荐！

——戴安度（和信商学院院长、创始人，中国教育部“十一五规划研究小组”研究员）

微信不仅是一个产品，还是人们在移动互联网时代的一种生活方式，它不仅改变了人际的沟通，更会促进一些行业商业模式的变革，无论是企业还是个人都应该融入其中，拥抱它、了解它。本书有自己独特的观点，值得一读。

——晏涛（社会化营销实践者）

前言

微信可怕的未来

2012年8月份微信正式推出公众平台，同时微信的用户量也急剧上升，如图1所示。截至2013年春节后，微信的国内用户量已经突破了3亿。一场围绕微信的移动互联网营销风暴正在刮起。企业、商家、草根都纷纷摩拳擦掌，颇有大干一番的架势。

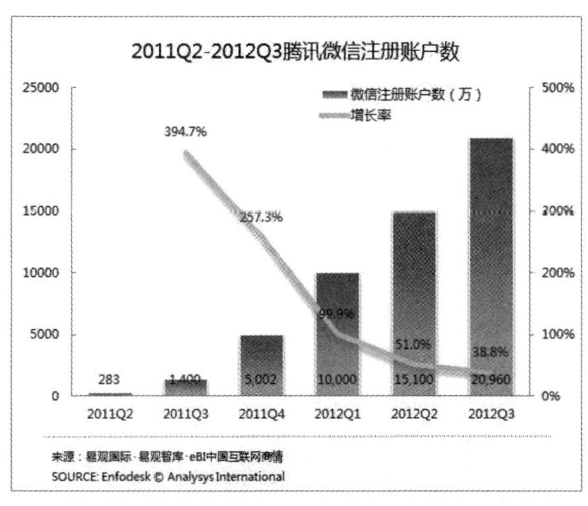

图1：2011Q3–2012Q3 腾讯微信注册账户数（图片来自易观国际）

从公众平台开放起，笔者就开始跟进并进行深入研究。早前有一段时间一直在研究草根如何做微信，但方向仍局限于草根如何做好公众账号。因为一开始大家认为这对草根而言是一次莫大的机会，因而极少谈及实体中小企业如何做微信。在历经多次的在线沙龙和公开课讨论后，笔者得出：草根能做的只有内容，把内容做到极致，之后再谈如何推广，剩下的商业化道路目前还没有头绪，显然沿用微博的广告推送成了唯一选择。不少前辈坦言，不能用做微博的方式来做微信，这中间就隐含着草根不可能做好微信的意思。

笔者从一开始接触微信就倾向于B2C[1]，至于名人与草根方面则不大看好。相比微博营销来说目前的趋势也是逐步向官微看好，草根大号推送广告的效果呈递减趋势。网民更信任官微的信息，特别是产品链接的点击比率明显高于草根大号。就如笔者以往观点，微博营销成也草根败也草根，机会永远属于精耕细作、有钱有势的企业。

草根做微信仅仅是抓住了原本封闭环节中的一扣，商业价值相对于媒体和企业来说微乎其微。不能说有了精准的受众就可以把自媒体做成功，这往往是需要很多资源支持的。微信开放公众平台，一是解决用户对信息的需求，二是布局移动电子商务和O2O[2]领域。在其产品所设定的战略目标上，公众平台仅仅是其中重要的一环。微信的未来掌握在企业和商家手上，也掌握在用户手上。微信将有一个可怕的未来，其原因就在于移动互联网更彻底地改变了生活的方方面面，而不像传统互联网仍有诸多局限。这也是移动互联网将成为下一个战场的原因之一。

先来分析一下腾讯系列产品一直以来的战略，其目标是打造一站式在线生活服务，极大地整合旗下产品来满足用户需求是腾讯一向的招数。微信也不例外，拿产品经理张小龙的话来说，二维码就是移动互联网的入口。解决了信息流的问题，再整合财付通解决了移动支付资金流的问题。微信未来的产品发展方向越来越明确，移动电子商务是其主打服务。可以

---

1 B2C（Business-to-Customer，商家对顾客）

2 O2O（即Online To Offline，也即将线下商务的机会与互联网结合在了一起，让互联网成为线下交易的前台。）

预见的是，微信插件将“拍拍”、“QQ团购”整合进来是迟早的事情。传统地盘打不过淘宝就开发潜力不凡的新地盘，未来移动电商势必愈战愈烈。微信就算把能够整合的都整合进来也是无可厚非的，况且开放平台还是一个未开发的金矿。打开大门敞开胸怀地支持第三方插件应用，一不小心又诞生了一个不可小觑的市场。企业、银行、媒体、游戏厂商等各路豪杰纷涌而入，腾讯又可以借此大赚一笔。

手机装了一个微信，其他的App（应用）都得提心吊胆。正如上面所说，你能做到的，腾讯微信一定能做到；你不能做到的，腾讯微信也会想办法做到。用户想看新闻，微信有大量的媒体公众账号，顺便加上媒体插件。用户想看视频电影，微信有QQ视频。用户想玩游戏，微信有游戏大厅。用户想浏览网页，微信有QQ浏览器插件。用户想发微博，微信有腾讯微博。不再一一举例以免啰嗦。用户的需求怎么用简单的方式去满足？给用户可选安装插件的功能足矣。如此说来手机QQ可以这么做却为什么不全都做？由此预料到微信全面整合自己产品的可能性不大，倒是开放插件平台的前景比较乐观。不过依张小龙做产品的口味来说目前只能拭目以待，先不必风声鹤唳。

许多人都在思考微信会不会引发O2O热潮，答案是肯定的。微信不仅仅是社交工具、通信工具、媒体终端，微信更是生活。你会发现吃饭可以用微信选餐馆，订车票可以用微信支付，出示会员卡享受购物优惠可以用微信扫一扫，交水电费、手机费可以用微信，医院挂号可以用微信，上下班打卡签到可以用微信，驴友出行也可以用微信。当微信产品逐步完善到涉及生活的每一个角落时，腾讯全力以赴打造微信的最终目的就达到了。集百般之所长，解万人之所需恰恰是“小企鹅”日益强大的杀手锏。

微信是未来移动互联网最成功的产品之一。通过私密社交打通每个人现实的社交网络，以朋友关系链构建的消费者群体营销价值十分巨大。陌生人社交也在不断渗透每个人的交友圈子，用人作为营销工具去传播，并最终形成人与人之间的闭环。O2O所需要做的就是找一个点进行切入，那么口碑营销、数据库营销、直复营销、体验营销均可便捷实现。无须再多言，相信每个人都从中看到了商业价值。

微信不可否认会有一个美好且可怕的未来，美好的是它的未来不是梦，可怕的是你错过了。

撰写本书的时间比较仓促，整合了早前发表的文章，同时也跟进了微信的版本更新修改，存在疏漏在所难免，恳求读者朋友们不吝赐教。笔者所说的不一定都是恰当的，随着微信的更新迭代，拥抱变化才是王道。在此也感谢青龙老贼、方雨、管鹏、中特老壹、陈沃盛、陈雪然、邓世泽、黄丁财、林伟、林春华等诸位好友的大力支持，他们给本书的完成提供了不少帮助，同时笔者也希望本书能够给读者朋友们带来一点帮助。最后谨以此书献给我生命中最重要的Sasha，感谢她一直以来对我的支持与鼓励。

目录

第 1 章

微信是什么

1.1 微信的发展现状及趋势

1. 微信的发展现状

微信是一款支持免费语音短信、视频和图文、支持多人群聊、朋友圈分享和陌生人社交的应用。其适用的平台包括iPhone、Android、Windows Phone、塞班和黑莓系统，以及PC上的网页版。微信是一个社交平台，是基于用户强关系建立起来的移动社交网络。微信最强有力的武器在于公众平台的点对面、一对多的推送，指定并被许可的信息到达率极高，相应的曝光度也很高。2013年下半年数据显示，微信的用户量已达4.5亿左右，公众账号数量超过9800万个。

微信一直致力于走出国门服务全球市场，为实现自己的全球移动电子商务梦想而不懈努力。毫无疑问，微信已经拿到移动互联网的第一张"船票"。在2013年4月7日的博鳌亚洲论坛上，腾讯总裁刘炽平透露，微信在海外已经拥有5000万注册用户，并在东南亚及拉美等地取得了不错的成绩。与此同时，微信也在印度市场上的软件应用商店中下载量排名第一。

微信作为一个新兴的社会化营销平台，其转化率高于微博及其他SNS[3]平台。微信的开放平台也是移动终端应用中的第一个开放平台，围绕开放平台的生态圈也正在形成。笔者相信，开发者只要不动微信的那些奶酪，那么依托平台挖掘到属于自己的一桶金，机会还是很大的。

各种媒体、自媒体、网站、微博草根大号都纷纷在微信上占位，并且以内容赢得了可观的受众认可，因此也拥有了一定的营销价值。微信打通了QQ通讯录及手机通讯录，前期的基础用户大部分就是来源于QQ用户。此外，手机通讯录也导入了微信用户线下的人脉，加上摇一摇、寻找附近的人、漂流瓶三项功能拓展陌生人社交，可以说保证了用户来源的多样化和广泛化。

微信在急速发展的同时也对老兄弟——手机QQ造成了不少困扰，以至于手机QQ在升级的过程中不断模仿微信。2013年5月中旬，手机QQ进行了一次大改版，却引来了用户们的强烈反对。此次改版淡化了在线概念，取消了移动终端在线显示，且不能设置电脑在线时手机端不再接收信息。简而言之，微信即使冒着杀死自己兄弟的风险，也不会停下发展的脚步。本是同根生的都面临如此压力，更何况是阿里巴巴和百度这样的竞争对手。阿里巴巴为了应对竞争推出了"微淘"，百度看似尚未行动，反倒是运营商中国移动火速上线了"飞信"公众平台，令人有点哭笑不得。

2. 微信的发展趋势

微信将来会成为移动互联网的流量入口，借助二维码构建一个用户连接网络的通路，同时也作为一个出口，例如输出优惠券或者微信会员卡。基于LBS[4]技术的地理位置服务能够为微信的O2O之路插上腾飞的翅膀，O2O模式随着发展不断成熟，接下来遍地开花相信不再是难事。

微信已打通支付接口并且正在酝酿一个更加开放的平台，让更多的开发

3 SNS（Social Networking Services，即社会化网络服务。）

4 LBS（Location Based Service，基于位置的服务。）

者和公众平台使用者参与进来，共同打造一个生态系统。在笔者看来，微信不会将自己的客户端做得越来越重，而开放平台就是一种补充微信用户需求的方式。例如微信上的微应用，也可以称为轻App，虽然在用户体验上比不上独立的App，但功能上却毫不逊色。因此，微信未来也极有可能成为一个类似App Store的平台，不同的轻App都可以在这个平台上发展自己的用户，只要符合官方的管理规则，合作共赢的场面值得期待。

当然，免费的商业模式相信在互联网行业已经走到了尽头，微信也是如此。但可以肯定的是，微信的基础服务向普通用户收费是不可能的。微信究竟靠什么来维持经营，下面的章节再向大家分析。微信未来内容的付费订阅也即将实现，另外公众平台的增值服务一度成为了讨论的热点。现在的微信公众平台还不是很成熟，后续功能的增值收费也不是不可能的。

从微信自身产品的更新迭代来看，需要不断完善的地方还有很多，这又是微信存在巨大发展空间的体现。微信内置的搜索引擎还有很大的改进空间，就以查找公众账号为例，目前还未有一套比较明显的规则。默认的排名规则，笔者认为有三点是可以参考的：第一是关键词的匹配度，第二是公众账号是否认证，第三是公众账号的订阅用户数量。所以微信未来自建搜索引擎，特别是完善目前的公众账号导航十分必要。

微信的用户相信都有这样的体会，平时自己不会经常使用微信，只是不定时打开微信看看好友有没有发来信息。用户不经常使用微信，这对于利用微信来进行营销的人是一个打击，最起码微信用户的黏性还不够，貌似谈微信营销还为时过早。在笔者撰写本节之前，这一种看法是正确的。但现在的情况已经有了极大的改观，微信用户的黏性相比之前大幅度增加，朋友圈的交流也日渐频繁。可以预见未来微信的新用户不断增长的同时将会迅速融入圈子，减少黏性形成的周期。总的来说，用户黏性不是微信最大的问题，相信腾讯拥有QQ这样成功的产品运营经验，借鉴到微信上成功几率也是十分大的。

随着智能手机的不断升级，微信的应用范围将会更加广泛。例如集成了NFC[5]功能的智能手机就可以通过微信进行快捷支付。微信整体趋势就是向着

5 NFC（Near Field Communication缩写，即近距离无线通讯技术。）

打造移动生活平台的道路前进，作为一款可以看作替代手机的应用，微信的价值还在逐步地被挖掘中。

1.2 微信的商业价值及赢利模式

1. 微信的商业价值

微信的商业价值主要体现在O2O、微信个人账号、微信公众账号、内容、移动电子商务、微应用、媒体这些方面。当然，这并不是完全从微信自身而言，相对于微信平台官方，企业、商家和草根个人能从微信上挖掘到的商业价值还是很多的。只要真正清楚微信这款工具的使用方式，再结合自己的商业模式，就能从中找到赢利点。

当然，如果从微信手机端的产品设计的角度来看，不同页面存在的商业价值是不同的。微信的联系人列表作为一级页面，基本上没有太多的商业价值可言。而二级的对话页面，通过加号按钮来添加更多应用就跳转到三级页面，所以这块的商业价值也不是很大。此外，微信的朋友圈属于二级页面，通过点击“朋友们”切换到“朋友圈”，寻找“附近的人”、“扫一扫”、“摇一摇”和“漂流瓶”都安置在此页面上。所以，笔者认为微信的商业价值将会在这些页面上得到体现。[6]

2. 微信的赢利模式

微信自身的赢利模式，业界普遍认为是仍在苦苦探索之中。但是从赢利模式是否清晰成熟的角度上来看，腾讯孵化出来的微信天生就有企鹅的基因，其赢利模式或多或少都有点QQ的味道，因而微信目前的赢利模式谈不上仍在苦苦摸索，反倒是媒体出身的新浪微博一开始就陷入了思维怪圈，加上公司内部的互相扯皮，从而导致错失选择赢利时间点的良机。新浪微博一推

6　本段内容所参考微信版本为4.5.1，如版本有变，请读者自行对照微信当前版本，并参考第2.4小节。

出微博广告即遭到用户抵制，归根到底还是因为中了互联网商业模式之毒而至今余毒未清。

依靠免费的产品服务圈足用户之后再考虑赢利模式的做法，整个行业都已经骑虎难下，而增值服务就成了一根救命稻草，成与不成就看造化了。所以说，微信要赢利得尽快下手，千万别学新浪微博犹豫不决，反正玩来玩去就那么些赚钱的套路，早点让用户习惯总好过一推出就让用户不习惯。

赢利模式从产品设计开始就应该考虑，毕竟大家做的都是商业而不是公益。草根创业者永远抵挡不了互联网巨头的竞争攻势，就算是耗也耗不长久，迟早会有饿死收场的一天。微信没有必要担心现有的和潜在的竞争对手会威胁到自己的市场份额，靠免费的产品服务拼用户的时期已经过去了，微信以接近4亿的用户量打赢了奠定自己领头羊地位的一战。这也是为什么互联网创业不易的原因之一，巨头已经制定了规则，你没有粮草弹药是玩不起的。况且现在有充足的资源也不一定有必胜的把握，所以就得有拿着刺刀就要见血的拼命精神，换言之就是周鸿祎所说的“破坏性创新”。

微信已执牛耳，考虑商业模式的大局还不如尽快把赢利点执行到位。赢利模式不需要酝酿，不清楚赢利模式而靠产品来试出用户口味等同于赌博。

微信毫无疑问能够赢利的点有两个：第一个是游戏，第二个是用户服务。微信建立游戏平台是早有布局之事，腾讯于2012年收购已经尝试推出手机社交游戏平台的“KakaoTalk”。此外，QQ的用户增值服务搬到微信上可以从微信群和表情贴图入手，微信4.5正式版推出的百人微群普及邀请活动就是为后期的赢利布局。而针对企业用户推出的公众平台增值服务则侧重于存储和广告推送。当然，O2O这条路并不好走，微信会员卡还在抓大放小，先从线下品牌连锁商家入手，既在试错也在教育市场。做CRM[7]遇到的线下推广难题，对于腾讯而言还只是个过程，太早断定其运营能力不佳略显不妥。收购CRM服务商可以更好地完善微信的产品服务，但这并不代表腾讯会通吃整个产业。总之，微信靠谱的赢利点已经非常清晰，往大的方向讲都是靠增值服务收费。

---

7 CRM（Customer Relationship Management，即客户关系管理。）

微信的赢利模式早已纳入计划，虽说团队的意向是把微信打造成一个生态系统，而不是一个帝国。但腾讯内部派系攀附微信这个高富帅的心思早已昭然若揭，若不先让自己学会赚钱，这以后还得养着一帮亲戚，微信的压力相信一点也不比现在的微博小。说微信不该赢利的都是站着说话不腰疼的，玩微信的人都知道早晚有一天肯定会有收费的特殊服务出现。在用户玩得不亦乐乎，黏性已产生作用的情况下，果断推出赢利服务就是抓准了时机。微信还在把脉，等待下手的那一刻。

1.3 微信的来龙去脉

2011年1月21日，微信正式推出。作为一个没有PC端的产品，微信一开始似乎和营销根本拉不上什么关系。之后推出的网页版，也是产品经理张小龙响应用户需求而为之。在公众平台还没有面世的时候，微信主要侧重于移动社交。当然，也有不少用户会利用个人微信号推广自己的淘宝店铺，或其他的产品和服务广告。

继2012年4月份微信开放平台上线之后，微信官方就为构建生态系统开始布局。8月份公众平台的上线引来了极大的关注，平台能够实现群发消息精准到达每一位订阅用户的手机终端上，更能够设置自动回复集成为开发者接入接口。公众平台为营销人提供了一个接触用户的最佳途径，能够实现一对一、一对多的信息推送，也能够通过回复实时消息与订阅用户进行互动。微信公众平台的登录界面如图2所示。

微信公众平台既有些类似微博，但又与微博的传播方式有本质上的不同。微信是窄播，而微博是广播。正因如此，不少微博大号开始大批量迁移到微信公众平台上，例如一些常见的冷笑话、心灵鸡汤、搞笑图片等微博大号。做自媒体的也将微信公众平台作为一个传播渠道，通过建立公众账号打造自己的自媒体品牌。同时，也有不少淘宝卖家、线下企业商家嗅到了商机，开始试水微信推广。

图2：微信公众平台

在此也不得不提一下微博大号在微信上取得的短期成就，其成绩在现在看来比较激励人心。上文已经提过，在公众平台没有开放之前，微信用户被封闭到自己的朋友圈里面，内容需求没法得到满足。微博大号进驻微信公众平台能够为用户提供高质量内容，同时也能够吸引数量可观的订阅用户。微信公众大号拥有几万订阅用户的情况比较常见，甚至内容和推广做得好，或者将以前的微博粉丝转移到微信公众账号，拥有几十万、上百万订阅用户的微信公众大号亦有不少。

除了个人在微信公众平台上寻找营销的方式以外，微信官方的动作也接踵而来。2012年9月7日，在2012“金网奖”暨第四届网络营销高峰论坛上，腾讯电商控股公司生活服务电商部总经理戴志康分享了腾讯生活类电商领域的新动态——腾讯微生活，并称此举是O2O服务与营销领域的新探索，如图3所示。微信会员卡（即腾讯微生活会员卡）从此开始抓大放小，各个城市寻找合作商家，以品牌连锁商家为主竖立标杆，再吸引其他商家进驻，以此推进微信的O2O进程。在笔者撰写本书时，微信会员卡已经实现了绑定实体卡的功能，并与虚拟卡同步使用。

图3：腾讯微生活

1.4 微信与微博有什么不同

微信与微博之间，本质上都是要求运营在先，销售在后。内容营销贯穿了现今网络营销的每个角落，微信也是如此。微博是强媒体，弱关系；而微信是弱媒体，强关系。虽然微博一直都在补缺社交上的弱项，但圈子毕竟是开放的，“马太效应”表现得非常明显。粉丝多的人多数是明星、名人，或者草根大号，新浪也延续了捧热博客的那一套招数，利用明星名人来推广微博，由一开始就令普通用户产生了一种亟待被关注，甚至一夜之间名传天下的期望。随着信息量的日益增多，普通用户长期没法满足自己当初的期望，越来越多的用户选择自娱自乐，有的就将微博作为新闻订阅器和网络日记本。

微博作为一个广播式的媒体平台，在如日中天的那段时间里为社会、企业以及个人提供了不少帮助，更促进了社会的发展。微博的传播速度非常快，信息流动态刷新速度快，对于传播产品和服务信息来说，有利亦有弊。

利的一方面是信息能够借助用户的自愿转发，达到传统媒体所不能及的范围和效果；弊的一方面是信息在传播的过程中容易失真，被其他“噪声”所影响。

微信是一对一、一对多的窄播式传播，虽然在传播速度和范围上及不上微博，但其精准率、到达率、阅读率是高于微博的。微博上的那一套思维，直接搬到微信上是行不通的。首先，微博追求大量的粉丝，大量的转发，这里的大量不包括僵尸粉和机器转发。微信在订阅用户的获取上难度比微博大一些，成本不低。订阅用户的数量增长速度相比于微博慢一些，不像微博搞一次成功的活动就能够带来大量的粉丝。当然，这也是相对而言的，但一般微博大号的微博粉丝是多于微信公众账号的订阅用户总量的。

其实说到底，订阅用户对于微信来说肯定是很重要的，只是在追求“量”的同时也要保证“质”。微信公众账号吸引订阅用户不应该像微博那样，前期刷一大把粉丝。宁愿每天就加那么几个几十个，也不要贪图一时的快感，这对于后期的营销来讲一点意义也没有，更何况只有自己能在公众平台的后台管理中看到订阅用户的数量，充不了什么场面。不过，微信公众账号为了取得认证，不少企业和个人都会选择先刷500个订阅用户，过了认证之后再正式运营。笔者建议这种情况需要进行分组管理，公众账号通过了认证之后就可以把以前刷的僵尸订阅用户移入黑名单。

微信能够借鉴微博不少东西，在内容创作上更是如此。微博精悍短小的内容正好符合微信传播的内容篇幅，有关微信的内容篇幅问题，在后面的章节中再细讲。此外，微博上的一些互动游戏也可以借鉴到微信公众账号的运营上来。据笔者实操观察，如果微信公众账号的互动游戏策划得当，与订阅用户之间的互动量是高于微博的。一对一回复实时消息能让订阅用户有一种受尊重的感觉，同时配合上关键词自动回复，减少人工回复的工作量。

微信主打关系，微博主打品牌，两者是可以相互补充的。不能说微信一出来就能够颠覆微博，但如果微博这款产品还是没法调转船头，持续发展下去是很不利的。微信特别需要精耕细作，离开了微博就缺少了一条推广渠道。微博获取到的粉丝，则能够通过导入微信做进一步地转化。

1.5 什么行业适合做微信

说到什么行业适合做微信这个问题，就如同说到什么行业适合做社会化媒体营销。微信本身无意成为媒体，却始终摆脱不了媒体的属性。常见的适合做微信营销的行业有：汽车行业、保健品行业、零售餐饮行业、旅游休闲、美容养生、医院、婚纱摄影行业、教育培训、化妆品以及服务行业等。

中国的市场环境下，有部分行业确实是不适合做微信的。比如得依靠关系才能拿下客户的行业。有些B2B的行业也不适合做微信，不过用个人微信号维系下客户关系还是可以的。不是快消品的行业做微信只能算是做长久的客户关系维护，比如耐用品，一年或者几年才更换一次的，用微信公众账号来做售后也是不错的选择，同时也能够进行二次营销和口碑营销。

判断一个行业适不适合做微信，笔者认为可以从以下四个维度入手。

第一：你的目标客户群体和潜在客户群体与微信用户有没有交集，有多少是微信用户，经常使用微信还是偶尔使用，在什么时间段使用，用来干什么。

第二：是否直接面向终端消费者，利用微信传播产品和服务信息能否提升经营效率，并且改善自己的经营环节。

第三：你所在的行业可以利用微信来替代传统媒体传播信息，并且微信能够方便客户得到更多的产品和服务信息，给客户带来更优质的服务体验。

第四：你所在的行业有没有成功的网络营销案例，或者是竞争对手已经在社会化媒体营销上抢先了一步，取得了不错的效果。

不适合做微信的企业，一般都有一个共同点，即不适合开展网络营销。笔者建议一些网络营销能力较弱的企业和商家在实施微信营销时，一是通过培训学习提升营销推广能力，二是可以将微信运营工作外包给专业的代运营公司。当然，企业和商家能够自己运营那是最好不过的。

1.6 微信未来的方向猜想

未来的微信战场上，除了企业、商家和个人之外，还少不了政府、社会组织和公益机构的参与。微信虽然在一线城市发展得较快，但三四线城市的发展势头一点都不弱。据笔者观察到的情况显示，三四线城市的政府机构很多已经开通了官方的微信公众账号，以此为市民提供更便利的服务，例如图4中的“平安肇庆”。

个人自媒体在微信上的发展前景一直是业内所关注的。自媒体时代不是从微信公众账号出现那一刻算起的，最早那些写出第一篇文章发布在博客或者论坛上的人，都可以称为自媒体人的鼻祖。Wcb 2.0时代已有太多的自媒体了，只是那个时候还没有媒体的意识，内容受关注的程度和传播的效率也不高。Web 2.5时代社交元素加入了网站平台之后，信息与内容传播变得更快，吸引到的眼球更多，作为产生内容的个人而言就相当于一个媒体。

图4：“平安肇庆”尝鲜开通了微警务公众账号

笔者觉得自媒体不是一种虚火，而是互联网发展的趋势。出现泡沫也只是暂时的，好的自媒体能生存下去。自媒体既然是在创造有价值的内容，商业化则是必须的。没有商业化，自媒体人没动力、没饭吃。没有商业化，互联网的赢利模式就没法得到更新，阻碍进一步的发展。这不算误导，而是正确的引导，知识内容免费的时代应该过去了。因此，微信上的自媒体营销是未来的一种趋势，相信会有更多的自媒体人将微信作为传播品牌的渠道之一。

采用微信作为营销工具的企业和商家数量将会不断增加，特别是基于LBS技术的O2O闭环形成之后，未来的移动互联网电子商务市场潜力非常巨大。二维码作为移动互联网的入口和出口，让网络与线下的距离更近，让营销变得更加精准，更加可测可控。可以预见的是，微信是移动互联网上一个巨大的生态系统，围绕这个生态系统延伸的营销方式和产品将会越来越多，让我们拭目以待吧。

第 2 章 微信入门篇

2.1 微信不是这么玩的

曾有一次在微博上看到某位电商大牛公开叫卖几百万的微信订阅用户，着实觉得很多人的营销观念还停留在“封建时代”，或者太过于追捧短期来钱快的那些手段。从牟长青老兄那篇《微信封杀无底线》的博文中就可以看出点苗头，微信的玩法不像微博，也不像群发短信。子弹是有限的，用最低的成本得到最高的回报相信是每个企业所追求的目标，那么与其不断试错，倒不如认真思考下微信究竟该怎么玩。

搞不清楚微信用户群就开始玩微信的占比还真不少，其实也多亏了不少热血人士在网上的大力鼓吹，导致他们一窝蜂扎进了火堆。笔者跟一位卖茅台的老总交流的时候深有感触，前段时间的塑化剂、三公消费对白酒销售影响很大，即便是采用网络营销的方式也很难打开局面。因而该老总就想到了能否利用微信来做营销。试问，微信的用户群集中在学生、白领群体，而茅台的消费群体非富即贵，主要是35岁以上的中高收入阶层人士。很显然，目标客户群体与微信的用户群体交集实在是太小，所以采用微信不靠谱。

当然，某营销业内大牛的观点与我有所出入，他认为能够巩固老客户，带来新客户，提升用户体验，优化流程提高效率，符合以上要求的行业都可以做微信。但是对于微信用户群体这块，我们确实知之甚少，往往把自己作为其中一个用户的主观想法，强加给另外4亿多的用户。我们的目标客户群体有多少人使用微信，在什么情况下使用微信，使用微信的频率高不高，为什么会使用微信，你了解吗？如今的营销越来越强调精准，而一个订阅用户主动关注你的公众账号并不代表这个订阅用户就有了价值，缺少了互动那它还是一个僵尸订阅用户。

微信的订阅用户数量就是一块红烧肉，有些人想吃吃不了多少，有些人吃多了拉肚子等于没吃。如同短信群发一样，要有大量的客户名录才会有足够的曝光度，但具体效果则因人而异。目前常用的刷订阅用户的方式主要是以内容大号为主，多少带点擦边的性质，例如美女图片、美女夜话。做此类内容号比较容易推广，引来的基本都是些屌丝男，有点类似陌陌。通过PC端的安卓模拟器，外加上一套自动批量点击操作软件就可以做到私人微信号引订阅用户到公众账号。注册个人微信号可以在淘宝大量购买QQ账号，资料设置上都是美女头像和引导关注公众号的诱惑词语，接着虚拟定位，批量打招呼加好友，批量摇一摇，一天下来几千个订阅用户都是再正常不过的事情。

很多人之所以推崇以上公众账号的推广方式，关键还是在于效率高。尽管微信官方还在封杀，草根还在私底下寻思着如何躲避封杀，长远来看，这种玩法跟微博是如此的相似，那条老路接着走到黑。订阅用户不需要急功近利地追求数量，尽管都想把生意做到全世界，但先从小做起，再逐步扩大也不失为一种方法。一个好的营销环境是需要靠大家来维护的，微信官方的态度再明显不过了。倘若越来越多的人采用以上粗暴的方式搅浑了这趟水，未来的微信也会如同微博一样——走下去更加困难。

个人觉得，微信不是这么玩的。微信未来会集中在应用、服务、内容、圈子、互动五大块，五者之间相结合也是可以的。例如企业公众账号既可以作为CRM，也可以接入微应用为订阅用户提供自助服务，每日推送的内容就是企业与客户沟通的载体，圈子就相当于特派到客户群体中收齐情报、采取公关行动的“间谍”，而互动则是人性化服务的体现，拉近企业与客户群体的距离。至于个人微信号，笔者了解到有位做培训的老兄通过微信开班，以年费的形式招生，效果非常好，这就是个人品牌的玩法之一。

微信推广中吸引订阅用户关注的重点在于特色，越多人扎堆去做的东西就要越小心，越同质化的内容做法就越要思考如何不断创新。随着微信用户的不断成熟，早期的内容饥渴症状会逐步消退，进而缩小关注范围和转向私密圈子交流。接下来的玩法还得仔细琢磨，辩证求索。

2.2 玩转微信的六步思维法

在上文中提及了微信运营的重要性，真正下点心思去做微信，效果自然是不言而喻的。做微信就像吃一大锅饭，细嚼慢咽才不会噎着，小火才能炖出好汤。

首先，了解一款营销工具是用好此工具的前提。微信虽说与QQ有所相似，但两者之间的市场定位是不同的。QQ的产品调性是“弹指间，心无间”，而微信则是“孤独”。QQ主打文字聊天，微信主打语音聊天。这么多年来，QQ已经成功完成了用户黏性的强有力控制，甚至培养了用户根深蒂固的上网习惯。一连上宽带，第一时间打开的就是QQ，相信不少人都养成了这种习惯，上网不上QQ就好像有种与世界失去联系的感觉。

说到这里，有人认为跟QQ相比，微信没有那么高的使用频率，事实确实如此。几天才开一次微信，就是为了看看有没有好友发来消息的用户，数量也不少，笔者身边的朋友皆是如此。回到刚刚说的微信的产品调性，微信好友头像的常亮，就是为了给“孤独”添上一丝安慰，让人感觉到自己生活中的好友、同城的好友从未离线。用户发出去的每一条消息，对方一定能够收到，虚拟出来的感觉满足了用户被尊重的需要，不像QQ有离线列表。所以，未来微信的使用频率肯定会提高，官方也在为此而努力，但需要一定时间。就如同培养PC端QQ用户的习惯一样，需要一个过程。

在这个过程之中，我们可以发现，微信开发出了公众平台，开放了接口，也推出了“微生活”。其最主要的目的就在于加强互动，激活用户。至于微信和手机QQ有什么区别，非常明显的一点就是用户体验。从PC端延续下来的习惯会在手机QQ上得到体现，手机玩QQ还是习惯打文字。而微信则不一样，语音交流才是关键。微信和QQ一样具有强关系的特征，所不同的是在陌生人社交方面，微信注重本地圈子，而QQ因前期技术原因无法实现本地化，后期弥补不了圈子太大的缺陷。微信是一台虚拟手机，手机QQ只不过起到一个短信功能。随着微信互动日渐频繁和工具化，用户每天挂着微信和手机QQ将会是很正常的一件事情。

微信未来会不会推出类似QQ用户的增值服务，个人认为可能性很小。微信社交游戏、公众平台商业化是可行的，运营商的压力不会迫使微信向用户强制收费。啰嗦了这么多有关微信这款产品的浅薄之见，总结起来就一句话：微信的用户正在激活之中，这是一座潜力巨大的金矿。

了解了微信这款工具之后，接下来就是根据自身的情况，判断是否有必要在微信上进行营销。其实，很多行业的企业在使用传统营销方式时已经积累了不少经验，或多或少可以借鉴一下。笔者根据自己的经验总结出了微信的六步思维法，分别是定位、推广、互动、管理、延伸和订阅用户，中心点是订阅用户。订阅用户是贯穿其余五步的最关键一步。

第一步定位是从内容入手，选择好营销目标，确定好目标人群。例如，做化妆品电商的内容可以定位在美妆、护肤等范围。营销目标是卖货还是打品牌？做电商的一般以前者居多。为什么要做微信和怎样做微信，这两个问题要考虑清楚。别一碰到一款看似火爆的工具就蜂拥而上，也不管自己到底需不需要，会不会做。怎样做微信是一个难点，可以说，网络营销自己都做不好的企业，没必要做微信。至于如何确定目标人群，前提是根据官方统计的微信用户数据情况，结合身边的用户情况，有条件的可以向已有的客户做一个市场调研。如此便可知道自己的目标客户群在不在微信这个平台上，数量是多少，有没有接受微信这种方式的可能性。

其次，定位也是认清自己到底有没有做好微信的决心。微信注重小范围、强关系、个性化这三个方面，梦想着拥有成千上万个订阅用户，打造成一个类似微博那样的广播台，带着这种想法去做微信，你会越来越觉得不靠谱，投入大于产出。信息爆炸、广告满天飞的时代背景下，连电商都在思考怎么从标准化的产品中变得更灵活，转向如何根据顾客的个性化需求提供定制服务。因而，做微信离不开服务，不只是推送内容就算完事，看不上一滴水，你就看不到它们汇聚成大河，奔腾入海的壮观。抓小就是为了做大，定位要做好打持久战的准备。

有关微信账号类型的选择，本地商家或者个人一般以个人号为主，辅以公众账号方便批量推送内容。企业则以公众账号为主，培养一定数量的个人号。企业为什么要培养个人号，在说到管理这一步时会详细阐述。

第二步推广是基于定位的，目前的操作手法是立体式推广，即线上和线下同步进行推广。线上的推广离不开常见的网络营销手段，没有一定的推广资源积累和技巧上的掌握，开展难度很大。不是你给个微信二维码和公众账号，用户就会关注。所以，微博上那套搞活动送小礼品的推广手法，真的是浪费精气神，浪费钱的。通过线上搞活动推广拉来的订阅用户，肯定会有一定比例的微博用户。微博搞活动推广之所以会见效甚微，关键是用户按照你的条件完成任务之后，下一步就是取消关注，乐此不疲。做微信得跳出微博的那一套，换个说法，活动推广已经泛滥了，用户只是来占便宜的，不是真正对你感兴趣。一个活动引来一点订阅用户，下次还接着做，一步一步陷入恶性循环，到最后用户只会认为，你是个发试用品的，不是个卖货的。

总的来说，线上推广是多种工具的综合使用，或者是一种工具的使用，比如企业本来就在做QQ群的营销，那么开个微信公众账号从这些QQ群里引来的订阅用户就是高质量的，且更为便利。盲目地在网上群发是没有多大效果的，找准用户所在的地方，在最恰当的时间表达出来，触动用户去行动，这才是线上推广的正确玩法。举个例子，每年春季是全国大学生的就业热潮期，我们是做人才市场的，那么可以通过各大高校的招生办，找到负责应届毕业生的辅导员，让他们在各自管理的班级QQ群上推广我们的公众账号，前提是我们的公众账号能为即将毕业的大学生提供各种招聘岗位信息。有了合适的诉求，找到了合适的切入点，剩下的就是抓住时间点快速执行，错过了就业热潮，你再怎么向在校的大学生推广也提不起他们的兴趣。

通过例子举一反三，在什么地方、什么时间、怎么表达你的诉求，确定好了之后就优化操作细节，毕竟只有你才最了解自己从事的行业。线上推广并不难，也不神秘。如果难，那是因为你没有了解这些推广工具正确的使用方法。如果神秘，那是因为你没有单纯地从使用上总结出技巧，被那些所谓的技巧给忽悠了。

其实，技巧上的东西有些是短期的，短期的就是不符合平台方利益，或者是被普通网民所厌恶的，比如群发垃圾邮件，使用诱惑性图文引流量，这些是追求短暂利益的一种投机行为。还有些技巧是长期的，正规的。因而，我们在做微信时，一定要使用正规的技巧，不要粗暴地去推广。微信上的用户不是拿来虐的，而是要哄的。前期订阅用户量少没有关系，哄得好，口碑营销自然而然就产生了。情感在任何社交化平台营销中都是根本，要想有口碑营销的效果，就得懂得付出，在付出的同时不断提醒你的订阅用户，让其产生愧疚感，从而主动替你推广，并且能够在帮你推广的过程中得到精神或者物质上的回报。中国人向来拿人手短、吃人嘴短，所以了解微信上那些年轻用户群体的心理也是很重要的。这里就不再赘述，方法论就是这样，如何操作还得靠自己摸索试错，不断改进。

线下推广细节上的问题太多了，自己多留心观察就能发现。比如笔者就见到有些店面的二维码尺寸设计太大，摆放的位置不佳。此外，本来这些店面所在的区域晚上的人流量是最多的，却没有考虑到为了方便大家扫描去做个有二维码的广告灯箱。更为可悲的是，有些小城镇的商家也学着搞微信，二维码海报搞得花花绿绿有模有样的，但是一搞下来发现，当地的微信用户量很少，而且很多都是“小屁孩”没事闹着玩，根本不是自己要找的客户。

第三步是要把互动看成在做微信时，地位仅次于订阅用户的步骤，忘掉你的营销目标，把所有的一切拟人化，推送符合订阅用户口味的内容，经常与订阅用户交流打发他们的无聊时间。前面说到的微信产品调性，其实就是让你成为微信这些孤独用户的“朋友”。笔者个人一直很看好微信朋友圈背后的圈子经济，这点跟微博类似。只是企业做微博营销时被很多人带到沟里去了，官方也没有搞清楚自己该干的事情，结果造成了恶性循环。现在一些致力于微博营销培训的好老师，也没能挽救大环境的衰落，一条河里出现了

水浮莲，光清理是没用的，问题出在水质。笔者个人也非常希望从事微信的朋友们能够维护好行业环境，理性地去营销，配合好官方的工作实现共赢。站得高，就看得远，心态就平稳，真的不能急于求成，建好池塘才能养好鱼，水到自然渠成。

第四步的管理就涉及到内容的创作和订阅用户的互动，轻松有趣、幽默搞笑、新鲜潮流、口语化生活化、有创意的内容，比较能够符合订阅用户的口味，如同上面所提到的，为什么要了解微信和微信用户，目的还是为了做好内容。每天在什么时候推送内容，推送多少条图文内容，有没有必要搭建移动版网站延伸阅读，这些都是可以灵活调整的，不要限制得太死。做微博是做快餐，做微信是做美餐。微信内容少而精，到达率是百分百，因此，打开率就取决于你如何放长线钓大鱼。

举个例子，不少喜欢看小说的朋友都会每天定时蹲在各大文学网站上，等着热门小说作者的更新，第一时间抢先阅读。管理微信的内容也可以借鉴这种思路，特别是做小说的媒体号更有优势，选择受欢迎的小说，每天推送一章，提醒和诱使订阅用户每天登录微信阅读小说内容。至于如何监控推送内容的打开率，可以使用“皮皮微信”等第三方平台工具。

微信公众平台的CRM特点比较明显，管理上可以借鉴传统的CRM管理，每天实时收集反馈和回复，整理登记。所不同的是，微信上的CRM有社交的味道，少不了人性化的服务。微信上的公关危机管理也是一大难题，一个订阅用户就是一个自媒体，影响的朋友圈子有大有小，朋友圈子之间既是封闭又是相互关联的。不像微博，危机的信息源是可以找到源头并且能想办法去处理掉的。而微信只能是通过上面所提到的培养一批个人微信号，混入订阅用户的朋友圈、微群里面，当好“间谍”工作。如果企业在竞争中有需要，不妨通过微信与对手来场较量。如同QQ，群与群之间，好友与好友之间传播各种虚假信息的情况太常见了，有时候还会快速的引起网民恐慌。微信上的公关危机问题还没有体现出来，但在管理中也是不容忽视的。

第五步的延伸涉及到公众账号的接口应用、自定义菜单、微信公众主页以及移动版网站等方面的应用。当然，随着微信的不断发展，未来延伸的地方还有很多。不少医疗行业的朋友经常问笔者，医院如何做好微信。按照六步思维法的顺序走下去，到了第二步的推广就卡壳了，医院公众账号的推广是一大难题。其实，方法是灵活的，医院可以做好延伸，有条件的就开发一个接口应用，比如自助挂号、查阅电子病例等，把公众账号打造成工具。先让部分用户体验，养成使用习惯，最终推广开来，达到取代病患者使用电话和到场办理业务的目的。

到了订阅用户这一关键步骤，实际上已经在上面五个步骤中涉及到了。订阅用户贯穿其余五个步骤，在接下来的运营工作中，基本都会围绕着订阅用户做内容，策划互动游戏，而互动则是不断激活订阅用户的有效方式。

2.3 玩透微信是第一步

笔者跟很多想做微信的朋友交流时发现，不少人对微信的移动客户端和网页端的使用不是很熟悉，更谈不上熟练。把微信给玩透了，除了对日常的营销工作有帮助之外，更有利于从中发掘营销的思路。下面就介绍一下微信移动客户端和网页端的功能及使用技巧。

笔者演示的微信移动客户端的版本是4.5.1，手机系统为安卓系统，若与微信新版本有出入请以新版本为主。下面的介绍略显啰嗦枯燥，主要还是考虑到不同层次的读者，单看文字可能有点难以理解。请各位读者朋友打开微信客户端，跟着文字说明同步进行操作。已经熟悉微信客户端的读者朋友可以选择跳过此章节，阅读其他章节的内容。

聊天列表中显示的是最近与你聊天的朋友，或者是最近给你推送信息的公众账号，如图 5 所示。在这里我们可以看到，底部菜单有四个按钮，分别是"列表"按钮、"通讯录"按钮、"朋友们"按钮以及"设置"按钮。在聊天列表中，长按好友昵称可以选择删除该聊天，或者是将聊天置顶。公众账号不能置顶聊天，只能删除该聊天。同样的，微信群可以删除群聊消息，或者是将群聊置顶。

右上角的按钮也是四个按钮，如图 6 所示，分别是"发起聊天"、"切换听筒与扬声器模式"、"登录网页版"以及"扫一扫"。

图5：聊天列表

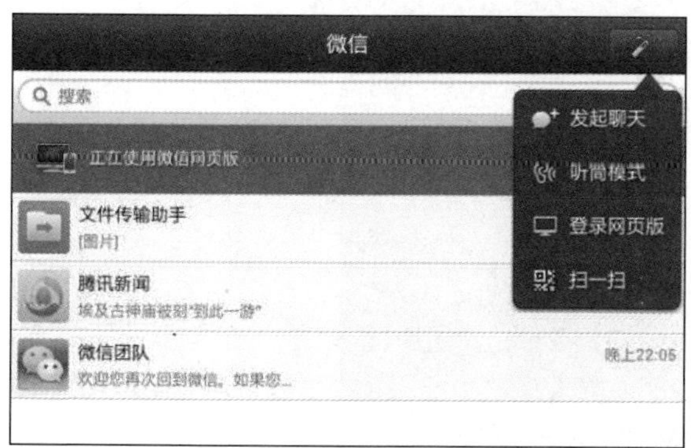

图6：右上角按钮

发起聊天可以选择一个微信群进行聊天，也可以选择联系人创建一个微信群来进行群聊。个人微信号只能建立40人的微信群，至于有其他权限的微信号，则可以创建容纳更多人的微信群，有关微信群的内容将在后面章节进行介绍。点击听筒模式可以选择使用听筒听取朋友或者公众账号发送过来的语音信息，也可以切换成扬声器即喇叭来播放语音信息。

点击“登录网页版”按钮之后会启用设备的摄像头，这时需要在电脑上打开网页：http://wx.qq.com，扫描该网页上的二维码之后，再回到手机或者平板上选择确认登录网页版即可成功登录，如图7所示。同样的，点击“扫一扫”按钮，也可以扫描微信网页版上的二维码进行登录。

图7：选择确认登录网页版

在与朋友聊天的窗口中，底部有文字输入框，左侧有语音和文字输入的切换按钮。目前支持发送的语音最长是60秒，点击加号按钮则可以使用更多功能，比如表情、图片、视频、位置和名片，其中点击“名片”就可以给朋友推荐其他人的名片，或者是公众账号的名片。好友聊天窗口如图8所示。

图8：好友聊天窗口

在聊天窗口中点击“实时对讲机”可以发起实时对讲，点击“视频通话”即可发起实时视频对话，建议大家在WIFI网络下使用以上两个功能。点击“视频通话”右侧的加号按钮可以添加更多的应用工具，这些工具既有腾讯自己开放的，也有其他公司开发的，例如QQ同步助手、表情大全。当自己的手机或者平板安装了新的App，并且是支持显示到微信的聊天窗口附件栏的，在附件栏加号的右上角就会以红色的New字样进行提示。

点击聊天窗口右上角的"人物"按钮，可以创建微信群发起群聊，也可以置顶聊天、查找和清空聊天记录、设置当前聊天背景，微信上的群其实跟QQ群很类似。聊天背景的全局设置不会影响到单一好友的设置，比如我们在与朋友A的聊天窗口中设置了一个蓝色聊天背景，而全局设置的聊天背景是红色的，那么与朋友A的聊天窗口背景还是蓝色的。

聊天窗口的底部菜单栏默认的都是"切换键盘输入"按钮、加号按钮、以及"按住说话"三个按钮。这三个按钮在与朋友聊天、与公众账号聊天、在微信群中聊天都是一样的。下面为大家介绍一下"通讯录"，如图9所示。点击"通讯录"按钮之后进入列表，列表依次是公众账号、星标朋友，接下来就是按照朋友昵称第一个字的拼音首字母来排序的。该页面右上角有一个附带了加号的人物按钮，点击该按钮跳转到"添加朋友"页面。

图9："通讯录"列表

点击“公众账号”进入你已经关注了的公众账号列表，而“星标朋友”是显示被你标记为星标的朋友。点击任意一个朋友的头像即可查看详细资料，点击“发消息”按钮就回到聊天窗口进行聊天，如图10所示。同时在该页右上角有“三个点”的按钮，点击“三个点”的按钮就可以进行把该朋友标记上星标、设置朋友圈权限、发送该名片、备注名、加入黑名单、删除该朋友、取消等操作。

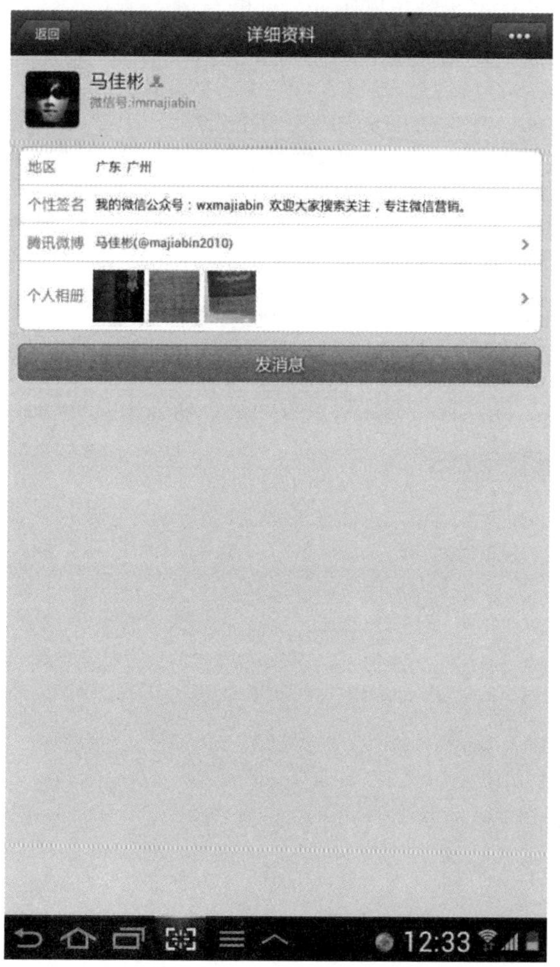

图10：朋友详细资料

下面介绍“朋友们”按钮，点击进去会看到“朋友圈”、“添加朋友”、“附近的人”、“摇一摇”、“漂流瓶”共五个选项，如图11所示。其中，“朋友圈”点进去之后就可以看到朋友最近更新的动态。在“朋友圈”页面的顶部区域点击就可以设置相册封面，点击自己的头像就能进入自己的相册页面，点击朋友的头像就能进入朋友的相册页面，如图12所示。右上角有个“照相机”按钮，点击会弹出“拍照”、“从手机相册选择”以及“取消”三个按钮，主要是为了方便分享照片。当然，在分享照片的同时也可以添加文字描述。长按照相机按钮会弹出文字输入框，如果你不想分享照片，可以在这里发布文字。每个朋友的“朋友圈”动态下面都有“赞”和“评论”两个按钮，“赞”就相当于赞同一下，“评论”则是说出你对此的看法。

这里需要说明一点，只有双方都互加为微信朋友的情况下，才可以看到各自的“朋友圈”动态。例如，小李与小王互加了微信朋友，小李与小赵互加了微信朋友。那么，小李可以看到小王和小赵的“朋友圈”动态，小王和小赵也可以看到小李的“朋友圈”动态。但是，小王却看不到小赵的“朋友圈”动态，小赵也看不到小王的“朋友圈”动态。如果小李、小王、小赵三个人都互加为微信朋友，那么都可以看到彼此的“朋友圈”动态、“赞”以及“评论”。假如你设置了朋友圈权限就会出现你看不到对方发布的动态，对方也看不到你发布的动态两种情况。有关朋友圈权限设置问题，将在下文详细介绍。

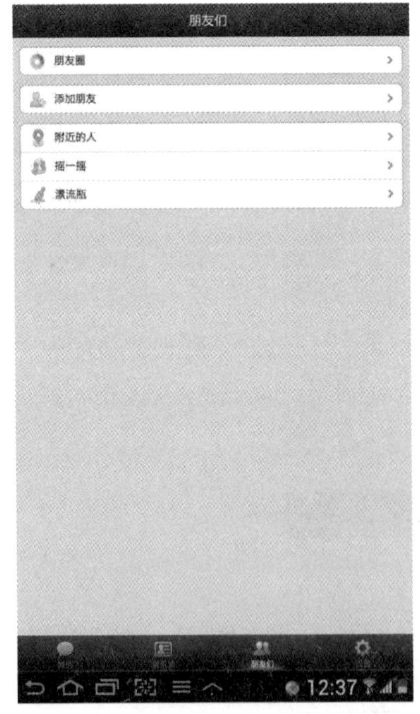

图11：“朋友们”页面

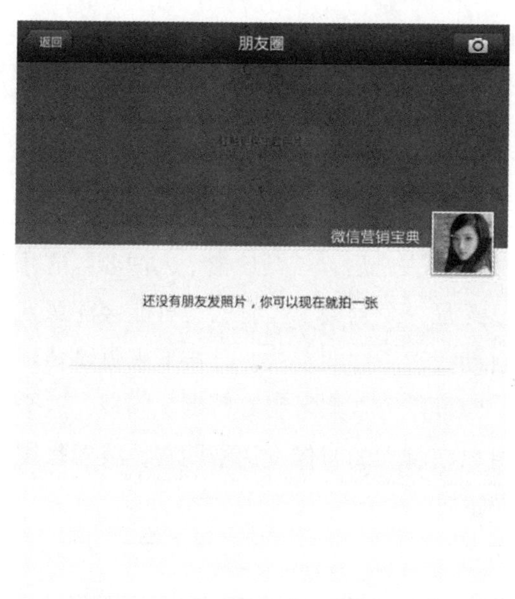

图12："朋友圈"页面

在"朋友圈"中，笔者建议不要发长篇大论的文章，也不要发一大堆的照片，以免给自己的朋友们造成骚扰。广告也是如此，多分享些好内容到"朋友圈"上，比如你可以把最近在QQ音乐上听到的一首好歌分享到"朋友圈"里。当有人赞了或评论了你的动态，"朋友圈"按钮上就会有红色的数字提示了，数字是"1"就表示有一个朋友赞了或评论了你的动态。看到"朋友圈"上喜欢的动态内容，比如照片，点开了之后可以把照片发送给其他朋友，也可以保存到自己的手机上。如果动态内容是纯文字的话，长按这段文字会提示"复制"，接着"粘贴"到什么地方就看你的喜好了。

补充一个细节问题，在"朋友圈"里发布动态的时候，如果你输入了网址，默认是可以解析的，也就是说点击网址能够直接跳转访问该网站。比如：笔者发布自己的个人博客网址 www.majiabin.com 到"朋友圈"上，那么笔者的朋友点击该网址就能访问博客了。同理，发布链接代码也能够解析，目前只对安卓系统有效，苹果的IOS系统5.0.1以上版本则无效。用HTML的A标签发布链接代码如下：

```
<a href =” http://www.majiabin.com” >马佳彬个人博客</a>
```

以文字的形式将这段代码发布出去之后，“马佳彬个人博客”这几个字就会变成蓝色，也就是说明这已经是一个链接了。有朋友可能会注意到，在“朋友圈”有些链接点进去会自动搜索添加朋友，并且接下来就跳转到个人微信号名片或公众账号名片了，对推广公众账号很有帮助。同理，这个自动跳转到公众账号名片的链接也可以在聊天的时候发送给朋友，或者是发送到微信群上。实现这个链接的代码如下：

```
<a href=”weixin://addfriend/微信号” >文字内容</a>
```

微信号替换成你想被添加关注的公众账号，或者被添加成朋友的个人微信号，文字内容可以随便填写，能吸引别人去点击即可。

接下来的“添加朋友”、“附近的人”、“摇一摇”以及“漂流瓶”的功能就不多叙述了，只要自己多操作几次就能够掌握其使用方法。“摇一摇”打招呼需要注意的是频繁骚扰他人易被举报，“漂流瓶”经笔者测试目前每天只能发送40个，而“附近的人”是可以选择全部查看，或者是只查看男生或者女生。当然，“附近的人”可以通过虚拟你的地理位置来达到查看全国附近微信用户的效果，这方面的内容我们留到后续的章节讲解具体的操作。

下面再介绍下“设置”页面，如图13所示，“设置”页面包括了“个人信息”、“二维码名片”、“腾讯微博绑定展示”、“我的相册”等选项。这里补充一下朋友圈权限的设置，点击“隐私”选项进入朋友圈权限设置页面，在该页面中有三个选项，分别是“朋友圈黑名单”、“不看他的照片”和“允许陌生人查看十张照片”。“朋友圈黑名单”点进去之后有个加号按钮，通过加号按钮选择要列入黑名单的朋友，添加了之后点完成即可。把通讯录某个朋友添加到黑名单之后，你发的照片他将无法看到。而“不看他的照片”这个选项的作用也是差不多的，把通讯录的某个朋友添加到这里之后，该朋友更新的照片将不会在你的朋友圈出现。“允许陌生人查看十张照

片”的选项主要还是为了保障你的隐私，当别人要添加你为微信朋友时，通过你的微信个人名片只能看到相册里面的十张照片。如果把这个勾去掉，那么别人将无法看到你相册里面的任何照片。

在“隐私”选项里面还有加好友权限的设置，笔者建议把所有的勾都选上。通讯录黑名单就需要回到“通讯录”页面，点击某位好友的头像，再点击右上角的“三个点”按钮选择加入黑名单。“设置”页面的更多功能就不一一说明了，笔者接下来只挑一些实用的进行介绍，其他的大家可以自己去操作了解。设置里的“功能”选项，里面默认的功能除了“微博阅读”是没有启用的之外，其他的都已经启用。

图13：“设置”页面

接下来介绍的是一款比较实用的小工具，那就是文件传输助手，如图14所示。文件传输助手能够方便我们把手机和平板上的图片、文件等资料传输到微信的网页版上，登录了网页版之后就能把文件下载到本地电脑。如果一开始找不到文件传输助手，那么就需要先登录微信网页版，点击文件传输助手，随便打几个字过去，再回到手机和平板上的微信客户端，此时就能看到文件传输助手出现在聊天列表上了。点击发消息进入聊天窗口，再点加号按钮就能选择要传输的文件了。

图14：文件传输助手

使用文件传输助手将手机上的图片传输到电脑上，图片是会被压缩的。

如果想要传输原图，可以在选择好图片之后，先不要点击“完成”按钮，而是点击当前页面右上角的“三个点”按钮，再选择原图发送。

微信网页版的界面比较简洁，适合经常开着网页，用键盘打字聊天，如图15所示。而且一有朋友给你发来消息，浏览器窗口的标题栏就会有提示。但某些手机和平板客户端上的功能，网页版是没有的。网页版中可以直接点击头像对其进行编辑，但却不能对昵称进行编辑。默认的只有两个列表，一个是聊天列表、一个是通讯录列表，其中聊天列表没有显示全部聊天对象，有需要时点击显示更多。右上角的下拉箭头有五个选项，分别是发起聊天、桌面通知开关、新消息通知声音开关、意见反馈和退出。发起聊天的操作跟手机和平板客户端差不多，主要还是创建微信群和选择微信群进行聊天。桌面通知和声音开关打开了之后，一有朋友发来消息就会有提示。

在微信网页版的聊天窗口中传文件给朋友非常方便，在文字输入框左侧的第三个按钮就是传文件的按钮。第二个是发送截屏图片按钮，第一个是发送表情按钮。与朋友聊天、或者在微信群聊天时，右上角的人物按钮可以发起创建微信群，或者是查看微信群里面的聊天成员以及修改微信群名称。

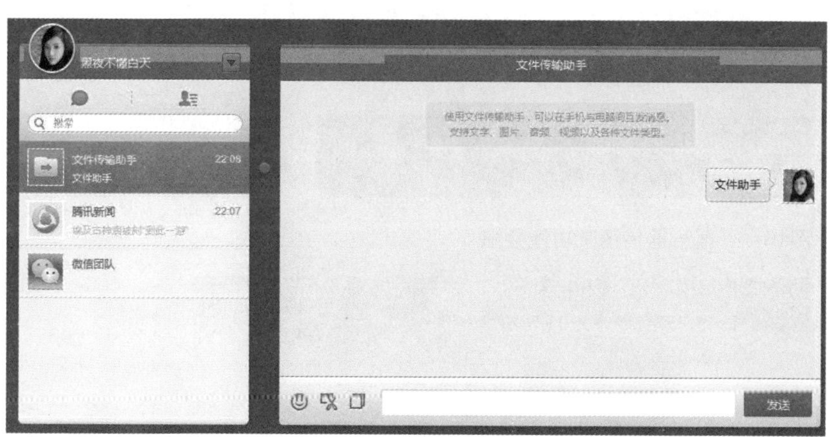

图15：微信网页版

微信的“摇一摇传图”是不得不介绍的一个功能，如图16所示。我们点击“设置”按钮，再进入“功能”页面就能看到“摇一摇”的选项。使用“摇一摇”功能需要先登录 http://wx.qq.com/yao 网页，然后下载浏览器插件，接着扫描二维码绑定“摇一摇传图”，就能够使用了，如图17、图18所示。“摇一摇”还可以用来搜索歌曲，读者朋友们可以去操作体验一下，如图19所示。

图16：“摇一摇传图”功能介绍

图17：安装“摇一摇传图”的浏览器插件

图18：扫描二维码绑定“摇一摇传图”

图19：开启“摇一摇搜歌”

微信加的朋友数量一多，想知道到底加了多少朋友，我们可以使用“功能”里面的“群发助手”，如图20所示。点击“群发助手”，选择开始群发→新建群发，这时会弹出选择收信人的列表，我们只需要点击右上角的“全选”按钮，底部的“下一步”按钮就会显示你的微信朋友数量了。群发助手除了能够统计朋友数量之外，主要功能还是给朋友们群发消息，例如节日群发祝福。

图20：利用“群发助手”统计微信朋友数量

当想将公众账号推送过来的精彩内容发送给朋友，或者是分享到“朋友圈”时，只需打开图文链接进入阅读，再点击右上角的按钮即可选择发送或分享，如图21所示。同理，自己的个人微信号名片和公众账号名片也可以用这种方式推广出去。

图21：分享图文

有关微信的客户端介绍和使用技巧就到这里，更多的实操内容将在接下来的章节中进行讲解。

2.4 解密微信5.0

2013年8月5日，微信正式发布了5.0版本。早前已经针对安卓玩家开放了内测资格的申请，所以最先更新的是苹果的IOS版本。伴随着手机客户端更新的还有公众平台，而此次最吸引人注目的还是公众账号的类型划分。公众账号默认为订阅号，可提交企业相关资料升级为服务号，也可以一直保留为订阅号。订阅号每天可群发一条消息，而服务号每月只可群发一条消息。服务号的优势在于可以申请自定义菜单，而订阅号则只能通过设置关键词的自动回复来达到导航菜单的效果。订阅号的消息在客户端上不会有太明显的提示，而是被折叠入名为"订阅号"的文件夹里面。但是服务号的信息则会展示在聊天列表中，用户很难忽视掉，而且还可以下发消息。反观微信5.0的手机客户端，变化还是很明显的。采用与IOS相同的扁平化设计，底部菜单栏的"朋友圈"和"设置"变成了"发现"和"我"，如图22所示。

图22：底部菜单栏

通讯录页面的顶部多了两个分类，分别是"服务号"和"订阅号"。微信5.0内测时发布的公众账号类App式展示的设计得到了验证。长按公众账号的圆形图标即可取消关注，另外，订阅号的展示数量比服务号的要多一些，如图23所示。

图23：微信订阅号

点击通讯录右上角的加号按钮进入添加好友的界面，底部的按住按钮来

寻找附近的微信好友进行添加的方式，用户体验很不错。IOS版的服务号展示列表中点击右上角的加号按钮也可以添加好友，只是订阅号的展示列表中没有了右上角的加号按钮。不过，添加好友的方式与4.5版本区别不大，如图24所示。

图24：微信“添加好友”页面

“发现”页面的“扫一扫”是5.0的一大利器，除了可以扫描二维码之外，还可以扫描街景、条形码、封面和翻译。扫描街景是采用SOSO街景地图的数据，其实实现的原理只不过是LBS。扫描图书或CD的封面即可获取详细的资料和购买的链接，而翻译则是通过扫描一段文字后获取翻译结果。值得一提的是该页面中的“游戏中心”，引爆5.0的是其中一款HTML 5技术开发的“飞机大战”小游戏，也包括了一度占据榜首的“天天爱消除”萌系小游戏。游戏将会是微信未来赢利的手段，搭上“微信支付”形成了闭环，如图25所示。

图25：微信“发现”页面和“游戏中心”

微信4.5版本的设置被放进了“我”页面中，增加了表情商店，如图26所示。表情商店也是微信接下来的赢利手段之一，不过微信为了发展香港及海外市场，部分表情在发布前期是免费下载的，国内的用户暂时享受不到这种福利。目前的收费表情每款定价为6元，相对于8月19日网易与中国电信合作上线的“易信”来讲未免有点小气。“易信”被业内称为直面微信的竞争对手，其表情完全免费，初期添加好友没有验证，群聊权限更是直接开放到了100人。但“易信”还不成熟，单就微信5.0的支付功能就足以证明它不俗的威力。微信支付只需输入银行卡号进行绑定，而后的支付相当方便，感兴趣的读者可以亲身去体验一下。“我的收藏”功能可以收藏文字、语音、图片和地理位置信息，对于“印象笔记”这种应用的冲击还是很大的。

图26：微信“我”页面和“表情商店”

“个人信息”页面中的“我的银行卡”选项在刚上线的时候是没有的，据笔者观察大约是在2013年8月17日左右才更新添加上的。微信支付的页面如图27所示。

此外补充一点，“朋友圈”的长文章显示已经被折叠，仅仅以标题的形式进行展示，点击标题则会打开新页面显示全文。经过测试发现，文字少于72字时是可以完全展示出来的，超过了则会被折叠。这对于“朋友圈”的体验来讲更上一层楼，同时接下来也可能会取消长按右上角相机键发布文字的功能。

图27：微信支付页面

说回公众平台的此次更新，绝大多数人都会纠结服务号与订阅号的选择与取舍。因为一旦确认了就无法修改，所以同时运营订阅号与服务号算是目前看来比较科学的选择。一般情况下，中小企业和商家选择订阅号是比较靠谱的，因为你少不了经常性地发布消息。而大企业则更侧重于提升服务质量和品牌建设，因而以选择服务号为主。有关服务号与订阅号的相关介绍在微信公众平台上的官方介绍中已经描述得很详细了，这里就不再赘述，如图28所示。

图28：微信公众平台服务号与订阅号

5.0版本只不过是微信的一个转折点，以后还会有更新的版本。一款成功的产品，不会周全地去顾及用户的所有需求，否则这款产品很难成功。5.0还是有很多“极客人士”的使用习惯，对于普通用户来讲操作稍显麻烦。如PC上的QQ一样，这不是一个可以让你随心所欲的营销战场。企业、商家、创业者、个人，概莫能外。也就是说微信终究会类似QQ，在不断地更新迭代下，成为移动互联网的一款基础沟通工具。

同样的，注重微信个人号的好友数，利用“朋友圈”来营销的方式也必将会受到规则限制，目前最明显的就是5.0版本的“朋友圈”长文章折叠。移动互联网只是一层面纱，缺少了对消费者需求的深度了解，对数据的挖掘与利用，对资讯的整理与分析，再怎么精准的营销工具也起不了太大的作用。

微信接下来的运营将会逐步过渡到精细化的阶段，与客户端的版本更新和公众平台的规则更新关系不大。企业只需要抓住关键点，其他次要的因素大可不必费尽周折。任何行业实施微信都可以分为三个阶段，第一个阶段是推广，第二个阶段是运营，第三个阶段才是转化。但从目前很多案例来看，大部分企业都会跳过第二个阶段，直接就想转化出效果。也有部分企业缺少了推广环节，或者是该环节比较薄弱，导致后面的两个环节没法达到预期的目标。

推广阶段考核的指标有推广成本、送达率、阅读率、转化率、互动量、退订率，短、中期的效果时间一般以周、月来进行衡量，其中转化率 = 订阅数/独立访客数（UV），独立访客数是以图文消息的数据进行综合统计的。在英文版公众平台上看到的页面浏览量（PV）数据并不代表是真实的，必须得排除掉因网络延迟展示所导致的一个独立UV产生多个PV数据的情况。这也是为什么有的时候PV量会大于UV量，两者之间相差低于20%基本算是处在合理的范围之内。一旦超过了20%就证明该消息送达存在问题，或是该消息的阅读体验还存在不足。

送达存在问题主要是由于部分订阅用户没有开启接收消息，又或是用户订阅的公众账号数量过多看不过来，虽然收到了消息但还是直接删除忽略掉。不过，微信5.0的发布可以一定程度上减少骚扰，订阅用户可以利用碎片化的时间慢慢浏览近期收到的订阅消息。除此之外，通过独立UV数可以看出活跃订阅用户数的占比，以一周推送三篇图文为例，每篇图文的独立UV数相差10%–30%之间基本合理，低于10%则证明该数据为活跃订阅用户数。当然，这样来计算不是最科学的，一周的时间也比较短，最好是能以月为周期进行监控。另外，公众账号的推广是不间断的，随着新增订阅用户数的不断提升，独立UV数就会受到影响。以月为单位进行监控的时候，还需要记录每天新增的订阅用户数，基数加大了，活跃用户数也会增加。前后不同时间段的数据一对比，基本就可以了解当前的活跃订阅用户有多少了。

成功的公众账号运营一定是高UV的，每篇图文展示的高质量内容越多，转化的几率就越大。提高UV的关键在于文案，文案的标题够不够吸引人、配图是否精美、单图文摘要是否简练精辟、内容是否符合订阅用户口味、图文打开速度是否够快、图文排版是否适合阅读、转载分享的引导性话语是否能够打动人心等都要考虑。相对而言，PV的价值比UV的要低一些，与传统PC端的网页一样，PV也存在“刷出来”的问题。当然，如果要更加准确地统计到数据，除了使用第三方接口平台之外，还可以将内容放置在微信版的网站上，依靠其他第三方统计软件来获取更加科学的数据。

再回到具体的日常运营上面来讲，考核的重点除了UV之外，互动率也很重要。推广时期的互动量是在某一个时间区间内进行统计的，比如当天进行了一场大型的推广活动，互动量一下子就上来了。但是互动率却是一个相对来讲长期一些的指标，比如当月总互动量为1000次，该公众账号的总订阅用户数为10000人。排除关键词自动回复所产生的无意义数据，每个订阅用户当月的多次互动均按一次计算，那么它的计算公式就是 互动率 = 1000/10000 = 0.1 。因而，精细化地来考核互动效果是否达到预期的目标时，排除掉活动期的互动量是很有必要的。公众账号在制定互动率指标的时候，一般都要考虑到活动因素会造成数据大幅度变动的问题。这个数据并不代表你互动已经做得很好，相反的，有些公众账号没活动就没互动量，机器式的关键词自动回复互动量太多，这时就需要诊断下内容是否存在问题，关键词菜单是否存在问题了。

最后再简单补充下该怎么来考核转化，其实跟以上的两个模块所考核的指标都差不多。笔者只是告诉读者朋友们哪些指标是需要考核的，至于指标额度定多少则因人而异了。转化可分为一次性转化、多次转化、客户转介绍三种。运营微信追求的就是多次转化和客户转介绍。多次转化我们可以通过客户的下订信息来判断，而客户转介绍就必须得有一个系统来验证了。比如一个老客户通过加入微信公众账号的转介绍系统，成功推荐了自己的一个朋友成为我们的新客户，这时就需要做一个有奖转介绍的接口应用，具备验证客户介绍的真实性的同时实现奖励下发。这其实有点类似于优惠券，但是威力要大过优惠券。优惠券的拉新促销效果不是很好，毕竟获取门槛太低，优惠幅度普遍缺少吸引力，方式也趋向同质化。转介绍系统要长期运转下去，可以与会员系统绑定在一起，订阅用户转介绍的次数越多，积分或优惠幅度越大。这样一来，老客户就已经被“绑架”了，刚进来的新客户也迟早会被“绑架”。久而久之，品牌忠诚度就提高了。

2.5 微信的圈子经济

2013年注定是微信不平凡的一年，春节刚过还没多久，围绕微信的一系列话题瞬间集体亮相。先有语音助手，后有SCRM[8]。随着微信接口的开放，微信将会有无限可能。暂且不谈微信产业链能够延伸多大的市场份额，从现有的版本来看，企业有企业的玩法，媒体有媒体的玩法，草根更是能够借此机会逆袭一把。

单就公众平台现有的功能上来讲，微信作为企业CRM还需要官方开放接口，第三方开发商跟进，共同创造一款具备社交属性的、人性化的CRM产品。这点管鹏老师在其文章中已经描述得相当详细，可行性也是很大的。目前金融、银行、餐饮行业跟进微信的速度令人咋舌，大有宁可失去微博也不可失去微信的态势。同样的，面向微信的基础培训也开展得热火朝天，只不过在案例积累和营销理论体系上没有微博那么成熟，但这并不影响微信作为一款新兴营销工具的价值体现。

简略回顾了一下微信的发展趋势，笔者仍然坚信，微信强关系下的圈子文化可谓是微信的根，不管微信版本如何更新，接口会不会开放更多，第三方应用将会强大到哪种地步，少了圈子属性，微信就只能是一个能够精准推送广告的工具，而不是一款能够改变营销方式的利器。

当然，微信本来就是一款移动社交及沟通工具，只是目前的眼球多往公众平台上聚焦，多往应用工具上思考，本质上的东西就难免会忽略不少。拓展微信的功能，完善公众平台确实能够为客户提供更优质的服务，但绝对不能缺少了关系维护这一环。传统的CRM是冰冷的，那么微信下的SCRM核心优势就在于S（Social）。举个例子，个人有必要去开通公众平台来做微信吗？很显然，如果还是按照微博的那一套玩法，首先想到的就是做自媒体，然后做内容。但就目前来看，传统互联网的强势媒体转移到微信，个人的自媒体很难占据优势。别拿科技媒体说事儿，确实有个别的个人微信自媒体开始接广告了，不过传统互联网上也有不少科技媒体的微信公众号做得很好。

说白了，无论是做微博自媒体还是做微信自媒体，前提是要有品牌。你

8 SCRM（Social CRM，社会化客户关系管理。）

没有知名度，没有读者群，就没有关注订阅。现在，科技媒体也在讨论怎么做好内容，兜来兜去换成了微信平台，但还是跑不了最基本的东西。

回到例子上来，草根开设公众平台，如果是想打造个人品牌，而个人确实有值得推广获利的知识、技能，那么无可厚非。从圈子经济的角度上来看，个人做微信只需一个微群就行了。不少三四线城市的微信用户就玩得很转，自己开通微信号，通过寻找附近的人、本地论坛、YY、QQ群等渠道加上好友，再组建微群搞好关系。下一步就是组织活动，一般选择娱乐场所或者餐饮场所，然后从中抽成。可见，微信线下的营销，意见领袖所起的作用很关键，也可以说是个人品牌的效应。

微信的圈子经济也能跟线下的本地商家联系上，正所谓"占山为王，坐地为商"。线下商家本身因为地域关系所服务的客户群体有限，搞好圈子就能够带来更大的经济效益。老客户就是线下商家的第一批好友，逢年过节发个微信送祝福，有新菜、新衣服推出再群发个微信。老客户做得好通过口碑营销就能带来新客户，从而实现品牌和经济的双重效益。如此一操作，公众平台也就是个辅助工具，有需要的时候就派上用场，没必要的时候一个个人微信号就足够了。

微信依靠社交关系进行营销的方式，深挖下去还有不少，摸着圈子的思路拓展也是无穷尽的。即便现在的企业和媒体还在研究怎么搞好公众账号，日后当微信营销更为成熟之时，圈子所带来的经济效益就会被重新摆上桌面接受审视。

2.6 微信群的运营推广

微信群功能上跟QQ群相类似。创建微信群的好处在于方便管理微信朋友或者是拓展人脉。当然，实际的用途不止以上两个。微信群的创建非常简单，发起聊天即可。在早期的微信群内测时期，没有获得增大微信群邀请权限资格的，只能创建40人的微信群。而获得内测邀请权限资格的个人微信号，则可以创建100人、200人、500人容量的微信群。

在微信群上长按某一成员的头像，就会在下面的文字输入框出现“@该成员的昵称”字样，接着编辑你想说的话，发送出去就等于你这句话是对这个人说的。这点跟QQ电脑端2013版本里的QQ群类似，当然并不等于私聊，圈了某位成员发出去的消息，所有群成员都能看到。

刚才提到的管理微信朋友就是创建多个微信群，以每个群40人的形式把通讯录上的朋友加进来。拓展人脉就是通过加入别人创建的微信群，或者是让你的微信朋友邀请他们的朋友加入你创建的微信群之后，你再通过查看微信群的聊天信息，挨个去把不是朋友的成员添加成朋友。

微信群的“聊天信息”页面可以设置群聊名称以及获得群二维码，如图29所示。群二维码是推广的唯一素材，也就是说如果不是群成员去拉自己的朋友进群，其他人想进群只能通过扫描群二维码。“详细设置”选项可以设置自己在群里面显示的群昵称，即我的群昵称。此外，“详细设置”里面的“保存到通讯录”功能很有用，建议读者朋友们创建了微信群之后，提醒群成员把本微信群保存到通讯录里面，方便以后查找。如果是微信群的聊天消息太多，在“关闭声音震动提醒”处打勾就可以屏蔽消息提醒了。

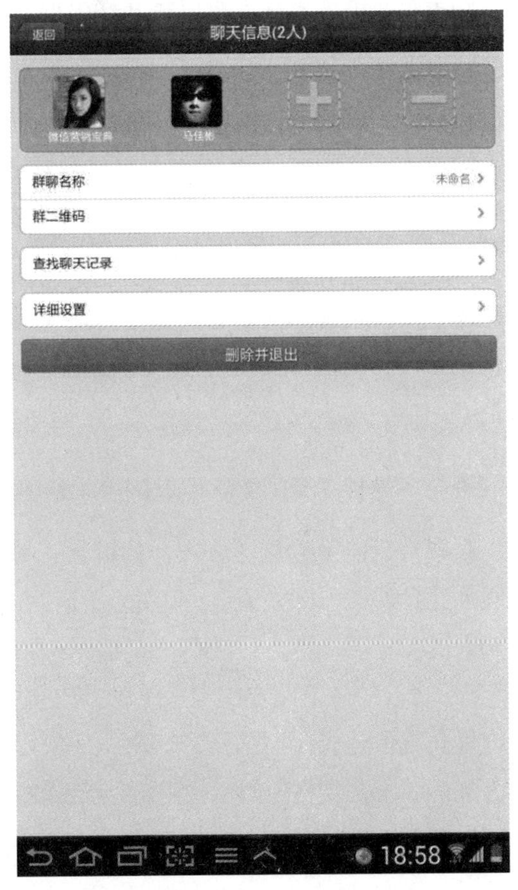

图29：微信群聊天信息

微信群的运营工作非常重要，一个管理完善的微信群，所起到的营销作用一点也不比一个公众账号差。微信群日常的运营管理需要注意以下问题。

第一：在群里面尽量少发表情、图片和语音，减少流量的消耗和手机存储的占用。

第二：在群上聊私事的，作为群发起人的你，可以提醒他们互加为微信朋友私聊，以免打扰到其他人。

第三：不要在群里面发大段的文章，或者是频繁发广告、图文链接和名片，以免引起群成员反感。如果发现群成员出现以上情况，群发起人要进行提醒。

第四：夜间或休息时间少在群里发送信息，群内若出现刷屏者应予以警告，情节严重的，发起人可以将其移出群。

此外，了解微信群规则也是必要的。除了上面说到的一般的微信个人号只能创建40人容量的微信群之外，目前还有以下规则。

第一：谁发起创建微信群，谁就是群主，不可以设置其他人为群主或者管理员。

第二：微信群的容量是由群主决定的，比如群主只能创建40人的群，那么群主可以扫描二维码进入40人容量的群，或者是把别人拉进一个40人容量的群。

第三：只有发起创建微信群的群主才有权限把别人移除出群。

第四：只能发起创建40人群的群主，如果需要再拉些人进群，可以让能发起创建100人、200人或是500人的微信朋友去拉人进群。例如，群主A有一个40人的微信群，群已经满员了，这时B和C想加群就没法加了。所以，群主A找到了自己的微信朋友D，D可以发起创建100人的微信群，让D去把B和C拉进群里面。但是，D之前还没有添加B和C为微信朋友，那么就得先把B和C添加为微信朋友，再将他们俩拉进群。无形之中，群的容量就扩大了。

微信群的推广除了朋友之间相互拉人之外，能够利用到的就是群二维码。群二维码可以发送给自己的微信朋友，或者发送到朋友圈、其他微信群，只要能够接触到目标微信用户的地方，就是我们宣传推广微信群的平台。方法有很多，不要只局限在使用一两种方式，能够利用到的推广资源都要用到刀刃上。

2.7 大话微信O2O模式

微信的火爆现状令线下的商家跃跃欲试。目前已经涌现的“电子会员卡”和“电子优惠券”，也只有线下少数实力派商家能采取与腾讯合作的方式进行。有资源的线下商家利用微信不过是顺潮流而为，到底需不需要微信以及微信能否切中目标消费群体进而变现，我想线下商家也不能仅听微信官方的一面之词，或者业内人士的盲目鼓吹就草草行动。微博就已经是一个很好的例子，足以说明繁荣的虚像下泡沫正在慢慢破裂。点到即止无须挑明，这里主要还是探讨微信下的O2O营销为什么接不上“地气”的问题，并非仅仅描述案例现象，而是更多地深入案例发掘细节，至于实现形式方面则因实际情况而有所不同。

无可否认微信还只是一个不断成长的产品，存在诸多软件功能的不成熟和硬件缺失的问题。微信推出的开放平台也在进一步解决应用上的需求，更多的还是为微信的赢利模式考虑。就拿微信购物来说，“美肤汇”已经率先在微信开店，用户可以直接使用微信订购商品并且在线完成支付。这种电商的方式显然不在O2O的讨论范围之内，而微信要解决线下的支付问题，最靠谱的做法还是绑定“财付通”。也就是说，线下的商家利用微信营销自己的产品或服务，引导客户到线下进行消费，但客户可以选择线上支付费用。

这里面就存在一个实际操作上的问题，线下消费完毕之后可行的费用支付方式有“财付通”提前支付、直接给现金或刷银行卡、扫描二维码进入网银支付，当然这几种方式并不是唯一不变的。但是问题就来了，利用“财付通”提前支付费用之后到线下消费如何获取凭证？线下商家能否验证凭证真假？如果提前支付费用目前来说还不靠谱，那么所谓的二维码营销岂不是成了鸡肋，客户消费完直接给现金或刷卡岂不是更方便。这点或许就是微信需要解决的软件和硬件上的难题，不仅仅是已付费的凭证，优惠券凭证也是如此。

如今的O2O营销并不能完全依靠二维码，未来二维码是O2O的重要入口，也是重要的出口，入口已解决，出口还在摸索。微信开展O2O营销接不了“地气”不仅是技术上的问题，而且是实际操作中如何利用现有条件进行变通的问题。产品和技术上的问题留给专业人士去解决，接下来我们还是重点谈谈线下操作所面临的问题。

从草根的角度来看，目前做各类媒体的微信号有很多，赢利模式可以是广告或者是与线下商家合作。微信本质上就是个广告平台，靠产品服务拉拢用户进而售卖广告资源，不同的是未来看广告的用户也会付费购买增值服务。草根想在广告平台上再做广告平台，没有足够的资源显然是不靠谱的。单纯直推线上广告主的广告还比较简单，拥有足够多有价值的订阅用户数量就可以接单，订阅用户是否满足精准要求没法衡量，仅能从微信号的定位上大概圈定，其广告效果相对来说比较容易监控。

做本地微信号不仅需要给本地订阅用户持续提供有价值的服务，更重要的是如何与线下商家谈判合作。团购作为O2O中的一部分，它失败的原因之一就是没法把控商家，造成服务质量参差不齐甚至是消费欺诈。所以本地微信号将面临粉丝量和与线下商家合作两大难题，一旦合作范围扩大却没有一定的资源支持，就会导致像团购网站那样的失败。

打个比方，草根拥有了一定数量的订阅用户之后与商家进行谈判合作，首先遇到的就是商家的选择问题。如何切合自己订阅用户的需求，挖掘商家的需求，这中间需要的不是理所当然，而是实实在在的市场调研。为了保证不出现上述团购网站的问题，在目前商业诚信普遍缺失的情况下，对线下商家的筛选也是必不可少的。找到目标商家之后的谈判还得解决商家是否具备一定的互联网素质，认不认同这种新的营销方式，你目前拥有的订阅用户数量能有多大程度上的变现，商家又能从中分配到多少利益，这种合作方式能否持久下去等问题。毕竟草根在谈判中处于弱势地位，话语权掌握在商家手上，制定限制商家行为的规则显然是不现实的，这时候要使合作达成草根就必须得让出较大部分的利益。

不扩大合作范围就没有可观的收入，草根可以以点带面先跟本地规模较大的商家谈判，再逐步扩展到其他商家。至于要不要选择多个存在市场竞争的商家，还是各个行业挑选独家合作商，前者基于你的粉丝具有较为可观的变现能力，引进竞争就是为了对商家进行一定程度上的牵制，以保证线下的服务质量，后者则不利于保障自己的利益。一旦扩大合作范围又将面临沟通协调导致成本不断增加的问题，所以草根做微信O2O模式不仅困难重重甚至是不现实的。

从企业的角度来看，做CRM是比较合适的。当然将微信作为电商新平台也不失为一种尝试，传统企业利用微信做电商就显得有点另辟蹊径，或者全线布局的意思。笔者建议还是在主流的电商平台上试水后再进军微信，如果是因为流量成本过高或同质化竞争激烈等原因而转移微信，那么迟早这一片蓝海也会变成红海，毕竟你能想到的别人也想到了。笔者目前接触和了解到的传统企业连基本的网络营销都没有做好，也摩拳擦掌地开始预热微信。不论是什么形式的网络营销手段都跳不出市场营销这个大框架，传统企业有一定的资源优势去做好营销策划，而不是为了营销而营销。

在这点上再多费口舌就显得有点啰嗦，但目前很多企业搞不懂网络营销却是事实。微信就是为传统企业提供一个快速响应服务的平台，没有服务意识的企业不适合做微信营销，不是直接面对消费者的企业也不适合做微信营销，例如制造业。利用微信提供服务的同时进行推销和维护客户关系，这仅仅是面对你目标消费群体中的一部分微信用户，从中还得再筛选实际消费群体，也就是说微信几亿用户与你有交集的数量并不一定可观，甚至是没法去精确衡量的。在大数据时代下任何营销都讲究精准，企业少浪费一分广告费就等于多赚一分利润。传统企业做O2O还得整合线下渠道，说白了就是网络营销渠道与传统营销渠道的整合。O2O更侧重于终端资源的整合，这点线下商家无疑更有优势。

从商家的角度来看，利用微信开展促销活动和吸引会员消费可行性较强，做CRM的效果也可圈可点。但是一个最基本的前提就是你的实际消费群体是微信用户，就像广州地区开茶楼餐厅的商家做微信营销，来喝早茶的都是老大爷老大妈，想做成功那是不可能的。线下商家做O2O营销即便在二维码技术还不完善的情况下，只将二维码作为入口的方式也能成功地开展。除了利用店面推广获取订阅用户，接上“天气”获取更多的订阅用户从而引导到线下消费才是O2O营销的价值所在。但就目前而言，传统线下商家所具备的网络营销能力依旧十分薄弱。

单纯依靠微信稳固一部分本地客户之后，还要更深入地利用微信进行口碑营销。倘若在传统互联网上没法施展身手，那么就集中精力拿下移动互联网。总的来说，线下商家开展O2O营销还处于起步阶段，本质上与跟本地门户合作的方式并没有什么区别，只是合作对象换成了微信。实质上还给商家提供了一个自建营销平台的机会，由粉丝构建的会员系统将是一座亟待挖掘的宝藏。

总而言之，微信下的O2O模式不是接不了“地气”，而是缺少线下与线上的经验融合，更重要的是线下的操作细节没法用线上的思维来判断。O2O不是一种新模式，而是互联网发展的必然结果。做好O2O营销就是做好网络营销，辅以终端营销，微信的未来不是梦。

2.8 微信如何改变传统行业

一些行业悲观人士太从技术上的角度去考虑微信这样一个新媒体，明显眼光过于狭隘。搞互联网的“屌丝”们觉得微信其实是很浅的东西，就跟微博一样，没啥值得深入去玩的地方。但是在懂营销、懂战略的人看来，这东西跟线下结合好，那就是机会。“屌丝”只知道那是个工具，“高富帅”却会讲模式、讲策划、讲战略、讲营销。“屌丝”永远是“屌丝”，想逆袭，脑筋却转不过来。

做网络营销竞争最为激烈的行业，不得不提医院和美容所。笔者认识的一位姓冯的大夫就是个好例子。冯大夫是做美容的，她运营的“风信子”公众账号短短172天吸引了5994个高质量真实订阅用户的关注，当然这些订阅用户都是可转化的目标客户。看得出来冯大夫确实是一路坚持着，才有了如此收获。微信的内容是公众账号的命脉，可真正能够以订阅者的口味作为切入点，尝试去迎合订阅者需求的企业级公众账号，值得研究的案例确实不多，大多数公众账号还停留在类似微博发软广的阶段，就算非软广的内容，其绝大部分也跟企业的产品服务相关联。

冯大夫基于对客户群体有深入了解的基础上，发一些精挑细选且有趣的漫画，清新的原创视频，明星图片和店面style。除此之外还发动员工玩微信，把自己的照片分享给订阅用户。另一方面还得做好推广，冯大夫采用线下人工推广这一单一方式，既避免了线上推广的不确定性，又能调动订阅用户进行口碑传播。通过策划关注、转发送礼品的活动，制定了合理的游戏规则，配合现场工作人员的指引监督，把每个细节执行到位，引来订阅用户后再进行后期的逐步营销。可以说，微信的威力在于一点点释放，每一个被成功吸引关注的粉丝都辐射着各自的朋友圈子，冯大夫的"风信子"找到了微信的支点，接下来就是拭日以待撬动宝藏的那一刻。

从以上的案例可以看出，微信改变的不仅仅是传统行业的营销方式，从传统互联网转移到移动互联网，更重要的是营销观念上的改变。营销即太极，一推一拉，借力打力。推是行商，拉是坐商，推拉相结合则是大商。微信正是提供了一个合适的环境，合适的沟通渠道，加上一群合适的人。微信营销需要你先想清楚自己为什么要来这个平台讲，讲些什么内容，在什么时间讲比较好，然后再去介绍清楚自己是谁，自己能干什么。

在微信这个平台上打太极，不一定每个人都能打得好看，关键在于知道自己打得烂但却有信心去改正。从精细化营销的角度上讲，看起来小小的一套微信推广模式却融合了情感、关系、体验、价值等多种营销手段。对比微博的人肉式资讯传播，微信传递的是一种认可，一种被订阅用户认可之后会持续传递的认可。公众平台上管理的不是用户，更非粉丝。用户是冷冰冰的被互联网化后还残留点人性的东西，粉丝则是处在一种仰视的角度，与企业的距离太远。

订阅用户是活的，有感情的，营销在于攻击人性的弱点，人性即营销之道。给你一把微信的利刃，你就要先将其藏在袖中，把粉丝灌醉了再下手。荆轲刺不了秦王，败就败在他只懂得策划时机这些技术方面的东西，没有考虑到从人性入手。微信让传统企业与客户之间的距离更近，仿佛就在面对面交谈。根据以往线下的部分经验，如果是面对企业客户，就是"To B"的营销，那完全可以借鉴；如果是直接面对终端消费者，就需要先改变观念再去学习微信推广的方法。

微信未来还会改变诸如汽车、咨询、餐饮等传统行业。笔者曾在杭州的一次线下研讨会上分享过“浙江奥通汽车”、“人性解码器”等出色的公众账号案例，越来越多的传统企业开始接触和尝试微信营销，微信的价值会随着磨合逐渐体现出来。

当然，维护好营销环境也需要出色的管理者，“微信之父”张小龙是笔者敬仰的产品经理之一，而腾讯的操盘手马化腾也是值得信赖的。传统企业在微信这块新兴的移动互联网商业地盘上做生意，不仅仅要选对位置和人，更重要的是有个靠谱的运营商。理性地去思考，感性地去营销，笔者相信传统企业会在微信营销之路上越走越好。

2.9 传统商家如何抓住微信的重点

微信的品牌知名度随着那段收费风波迅速提升，可以说没有玩过微信或者根本不知道微信的人，都在各种媒体的宣传下开始发觉有这么一款移动应用的存在。对于看重微信商业价值的传统商家而言，限于官方的合作条件，自己摸石头过河难免有些困难。实体生意越来越难做，电商竞争也一点不亚于线下，流量成本也在不断攀升。正因如此，微信带给传统商家一个回归营销本质的机会，即做长好过做短，做回头客好过做新客。传统商家不是做不好微信，而是缺乏对“客户管理”这个概念的理解。传统商家实行微信营销，除了要占据线下地理位置及现有客户资源优势，关键仍在于要把握到重点。

笔者了解到的一个摄影服务商家的微信案例，商家搞活动下了2万重本送奖品，为公众平台输送了4000个订阅用户。从某个角度来看，成本一点都不低，而最后的成绩也不算太差。但事实就是，操盘手需要理清楚，实施微信营销的预期是什么？活动所带来的人有无转化价值？后期该如何进一步营销？下一次的活动该如何做？类似这种问题可以说是老生常谈了，但还是有不少商家摆脱不了做大公众账号、辐射越来越多的目标客户这种传统思维。

把握不了微信营销的重点出现以上问题的传统商家不在少数，推广貌似变得十分重要。但其实，微信的重点不在推广，而在运营。运营涉及到的方面比较多，首先从公众账号的定位上来讲，公众账号需要提供一个值得客户去持续关注的理由，其实就是服务。服务再进行细分，可以是一个客户自助工具，也可以是一条帮客户解决问题的途径。

以销售袜子的案例为例，按照传统的思维方式，通过推广吸引足够的订阅用户之后，下一步就是不断推送软广或硬广进行销售。如此操作下来，不难发现，订阅用户不需要去关注一个只会卖袜子的公众账号，卖袜子的地方线上线下有很多，用户需要的是公众账号能为我解决具体相关问题。开头已经说过，回归营销本质，销售就是为了满足需求，当满足需求的方式太多的时候，客户就需要更加便捷、更加实惠、更加有保障的方式。

针对这个案例，笔者建议采用每月订购的商业模式，服务一些白领及商务人士，这样就突出了公众账号定位的个性。有了区别于竞争对手的做法不代表可以一劳永逸，不断完善细节和创新才能够抵御模仿。品牌之所以能够成为品牌，不外乎从物质及精神上满足了客户的需求。质量高、售后好，虚荣心和从众心理，品牌有了个性再结合以上多个维度的需求，剩下的就是培育。传统商家做好公众账号的定位之后，名称上已经表明了身份，那么内容上就要不断去告诉订阅用户你存在的价值。

虽然内容始终没法脱离自己的产品或服务，但是要将自己的产品或服务巧妙地融入到各种内容创新之中，其中也包括互动环节设置。再拿卖袜子为例，如果推出一个有创新点的互动游戏，不仅能借此推广引来更多有效关注，又能稳固和现有订阅用户的关系。总的来说，主动去推销产品和服务让客户知晓并不是重点，重点是让客户自己去发现你的产品和服务，让客户去证实，从而去购买体验，再进行分享。整个流程就是一个游戏，策划游戏时你要站在订阅用户的位置考虑问题，确定好细节之后，借势或造势去实施到位。是游戏就难免会有Bug[9]，出现差错一是不了解自己的客户，二是不了解自己的订阅用户。因此，策划游戏之前需要沟通了解。

---

9 Bug（漏洞）

可喜的是传统商家与微信的接触将不断深入，现在说的重点将不再是重点，而玩法也会层出不穷。

2.10 微信如何提高电商转化率

微信电商正在浮出水面，相对于平台型电商的站内烧钱式推广而言，基于强关系的微信社交体系将彻底颠覆站外推广转化率较低的局面。可以说，微信不需要像微博那样需要大量的粉丝，从本质上讲微信传播的是信任，微博传播的是信息。毫无疑问，朋友圈子之间的推荐可信度大于微博大号和明星大号的推荐。但目前大部分做淘宝、天猫的卖家还没有正式涉足微信，实际操作上也在摸石头过河，难免会把微博的那一套硬生生地搬过来。笔者结合自己的观察总结了关于微信如何提高电商转化率的几点看法。

★ 电商微信公众账号的订阅用户绝大部分来自于线上的推广，其中不乏拥有店铺的老客户和新客户。笔者认为，做好新老客户的分类对提高转化率至关重要。首先，目前微信公众平台的功能有限，而“微生活”的微信电商平台又需要一定的合作条件，那么单单使用微信公众平台现有的分组功能，也是能够达到预期的效果。

  举个例子，在利用自身店铺或者包裹答谢卡推广公众账号时，当客户扫描关注公众账号，公众账号就可以自动回复一段文字说明，要求新客户回复“新客户”字样获取促销信息，老客户回复“老客户”获取会员优惠信息，当然得提前设置好相应的关键词回复。接下来就是实时监控公众平台的实时消息，针对不同的回复将订阅用户归入相应的分组。当然，添加备注也是必要的，这也能够方便后期调整订阅用户的分组。

★ 不少卖家在苦恼该给订阅用户推送什么内容，很显然是公众账号的定位没有做好。电商的微信公众账号可以分为纯粹的营销号，即类似淘宝的一种分销推广渠道；也可以定位为分享产品内容的媒体号，在内容中插入购买链接。前者实施的难度相对于后者来说要相对容易，而后者则需要不少文案。但是后者的转化率明显高于前者，毕竟一个赤裸裸的广告还得考虑到受众的需求问题，而目前用户对广告普遍都有一种排斥的心理，别说一个每天只会推送广告而没有丝毫有价值内容的公众号，即便是拥有众多忠实订阅用户的品牌也会遇到订阅用户量不断减少的问题。

所以，微信做内容这一关是绕不过的，而软文营销就可以很好地将产品推广揉入文章中，从而提高打开阅读率、跳转率和转化率。相信不少卖家已经会推送图文并茂的软文，但如何控制好软文字数，巧妙地将粉丝引导进入下单的WAP[10]页面就很考验技巧。在初期没有经验的时候可以采用试错的方式来分析哪种风格的软文效果更好。

★ 转化率的关键点在于订阅用户主动分享内容到朋友圈和微群，特别是在店铺搞促销活动的时候。以化妆品品类的卖家为例，把9.9元的包邮试用活动推送给大学生、白领群体，并且在内容中提示邀请订阅用户把活动分享给好友。那么，只要是通过已经下单购买的订阅用户进行推荐，那么所带来的新客户下单数量就取决于该订阅用户的微信好友数，以及该订阅用户在圈子内的影响力。

一般而言，朋友之间的这种分享转化率都很高，特别是一传十、十传百之后，能够形成一个不断扩散的效果。因此，卖家也可以考虑跟草根达人合作，利用他们在圈子里面的影响力、数量足够的活跃好友来达到口碑营销的目的。前面提及的针对群体推广，可以参考第一点的分组管理，也可以在被关注自动回复中提示用户回复自己的年龄、工作等信息，以便能够为其提供个性化的服务。当然不同公众账号略有区别，灵活应用就可以玩转微信营销。

★ 使用微信接口应用可以方便推广，特别是现在有不少针对淘宝而开发的应用，对改善用户的阅读体验和引导下单效果不错。如果是为

10 WAP（Wireless Application Protocol，无线应用协议，是一项全球性的网络通信协议。）

了监控所推送内容的打开率、跳转率等数据，则可以自建WAP网站或3G网站，以HTML 5语言搭建的网站能够自适应屏幕尺寸大小，排版效果不错。

浅略谈了几点看法，笔者认为微信将成为移动电商一大流量入口，而且每一处流量的价值都将远远高于现有的推广渠道。如何利用微信营销提高电商的转化率，除了之前提到的几点之外，卖家可以在实际操作中不断摸索，不断改进，唯有适合自己的才是最好的。

2.11 微信上的微应用金矿

网友比较熟悉的微博应用，就拿新浪来说，早期开放之后不少精品应用的用户量还是挺多的。红利期一过，随着整个大平台的用户活跃度下降，同质化及泛滥化竞争盛行，微博应用已经引流乏力。微信作为一个新兴的平台，微应用的形式不同于微博，最大的特点是有App的味道，故称之为轻App。当然，微信没法完全替代App Store 。微应用借助HTML 5 可以实现大部分App 上的功能，因此，微信上的微应用金矿尚有较大的发掘空间。

微信上的微应用开发不是完全照搬微博应用的形式，也不能够将那些已经被网友熟知到烦腻的功能进行平台转移。微应用的想象空间很大，亦可以进行大胆创新。单就微信公众平台的关键词自动回复功能，公众账号就已经能够做到自助订阅、查询等互动功能，再进一步与现有数据库或网站等平台进行结合，本质虽然没有什么变化，但表现形式给予用户的体验却是完全不同的。

Web 3.0时代尚未完全到来，目前我们所处的Web 2.5时代，用户不只是自己去获取内容，还有自己创造内容和社交的需求。此外，微应用结合功能与内容之后，可以上升到满足用户情感需求的层面。微信本身就是一个带有情感的产品，满足了用户“寂寞”的刚需，而微应用能否唤起用户的情感需求，不单单在于内容上的催化，还需要必要功能进行互补，例如语音笔记等微应用。用户既可以保存亲人的语音记录、爱人的真情表白等，亦可以作为日常工作生活的辅助工具。综合以上思路，微应用的发展路线有功能、内容、二者结合三条。

“人性解码器”公众账号就是一个比较有特色的微应用。公众账号的名称定位比较精准，而独有的内容就是其核心竞争力，结合多个维度测试出来的效果远远超过现在大家比较熟悉的心理测试、色彩测试、算命测试。操作上体现了微应用功能上的优势——使用非常便利。用户只需发送自己的姓名加上“人性”二字即可查询到有关人性、大脑、优势等内容，就好像一把镜子让人看清楚自己。

类似这种拥有核心知识竞争力的微应用，不仅在内容上体现了价值，在情感上也得到了体现。国人自我认知水平参差不齐，特别是有些人缺乏独立思想，安装一款能够帮助用户提升生活及工作质量的微应用，不亚于交到了一位良师益友，很容易让用户产生依赖感。人性解码器还有需要逐步改善的内容细节，表达上需要更加口语化、生活化。当然，现有的功能也值得大家去体验。

微应用已经开始了细分，可以说，细分已经成为了一种习惯。也有不少公众账号起到了导航的作用，对于官方、应用开发者、用户三者都是有利的。不论是从功能或内容哪方面进行细分，接下来的推广就应该跳出传统思维，但不代表完全抛弃现有的推广技巧及渠道。例如，通过微博或者QQ群等渠道推广微应用，通过搞活动或者游戏互动等技巧推广微应用，渠道与技巧已经相当成熟，结果好坏只是取决于渠道资源及对技巧的把握。

微应用尚未有病毒营销的案例，而之所以能够成为毒源触动用户主动地去大量散发，无非从物质或精神两块入手。例如，QQ群最常见的利用亲情、同情心，再加上恐吓、愧疚、先入为主甚至辱骂来传播信息，效果十分明显。但这只不过是冰山一角，有太多的信息内容值得去研究参考。无可否认，单纯说明式地去引导用户分享效果甚微，除非用户真的喜欢你的微应用，或者你的微应用真的能为其带来切身的利益满足。

用户不一定会认同你的想法。所以，你需要做的是表达价值并让用户感受到价值，而不是标明价值多少钱，也不是限量发放先来先到。最直接的方式就是设置获取门槛，这里的门槛不是搞活动所设置的条件，而是用户获取微应用功能或内容的门槛。门槛是一级加一级，就好像游戏升级一般。思路多种多样，执行套路更是灵活多变。

由微应用的类型谈到推广，这一块金矿不是缺少发掘工具，而是缺少发掘的眼睛。

2.12 微信玩的不是销售

微信的火爆既在情理之中，也在情理之外。情理之中的无非是微信日益增长的用户量，情理之外的却是围绕微信的一系列营销活动仿佛一飞冲天。早在微博如日中天的时候，这种情景也曾经出现过。在此不会讲述微信这款营销工具的实际操作，而是想澄清一个观念：微信玩的不是销售，而是运营。

营销顾名思义，经营在先，销售在后。反观参与了微博营销的一些企业和个人，或多或少都没有经营的念头，却一味猴急地追求结果。不过，在现今的市场经济大背景下，也确实没有太多具备长远经营意识的企业和商家。或者也不是企业和商家不重视，而是随波逐流罢了。回到微信能否作为企业和商家的营销工具这个问题来，答案还是取决于如何去理性应用。企业和商家要做好微信，需要经过以下几个步骤。

第一：首先要明确的是微信不是媒体，就算勉强算得上是媒体，其传播也只是一个窄播，但相对于广播来说比较精准。企业和商家在确定要实施微信之前，要了解清楚自己的目标客户、潜在客户是否能够接受，是否与微信用户有交集，是否基数比例够大。建议企业和商家做一个市场调查，充分了解客户的情况和需求，再确定有没有必要采用微信为客户提供服务。

第二：明确做微信的目的。做微信是为了促进销售额的增长，还是为了稳定销售额；是为了打响企业和商家的品牌，还是为了做好客户服务以产生

口碑效应。不同的策略和不同的目的，所产生的效果当然也是截然不同的。如上文所提及的一样，目前许多企业和商家还是将销售额增长的期望寄托于微信这款“神器”App上，甚至于有些企业还砍掉了其他营销预算，以确保将自己的公众账号打造成百变金刚无所不能。但是微信确实不适合作为短期投机的对象，能够一夜之间引爆销售增长的可能性非常低。因为圈子是封闭的，平台管理也是日趋完善的，除了策划得当的话题能够引起病毒式的传播之外，大面积传播产品和服务信息的成本非常高，单一粉丝的获取成本也是不低的。

第三：开通微信公众账号究竟有没有必要？将公众账号打造成百变金刚究竟有没有必要？不少企业和商家在实施微信营销的过程中都会遇到此类问题，公众账号的群发信息功能太有诱惑力了，微App实在太强大了。正因为如此，某些公众账号接通了WAP商城，实现了在线下单、查快递、拿优惠券、抽奖等花样繁多的功能。这不得不令人想起微博风生水起的那些年，我们为了美化一个官微的背景图片都要花费不少心思。门面功夫做得再足，未能实现预期的目的都是在做无用功。因此，笔者再次建议企业和商家要定位好，将自己要解决的首要问题和解决的思路列出来。例如某企业需要利用微信来扩大品牌影响力，同时逐步在微信上销售自己的产品。那么，该企业的最终目的还是为了提升销售量，前期所谓的扩大品牌影响力只不过是为了让消费者认识自己的产品。所以，首要问题是销售，解决思路可以是建立公众账号或注册多个个人账号，方式可以采取将产品信息软文化，同时通过搞活动获取订阅用户，待订阅用户基数积累完成，再引导订阅用户进行购买。

第四：再次重申公众账号运营的重要性，微信运营得不好的企业和商家，特别需要提升一下团队或个人的运营能力。回到本质上讲，微信、微博的运营工作都是差不多的。企业和商家需要提升的运营能力包括内容策划、活动策划、互动管理、推广策划。鉴于目前各大行业尚未有成熟的运营外包公司，因此需要企业和商家自己下手去运营，与此同时还能够积累不少经验，为以后实施其他营销策略提供帮助。

在此补充一个笔者操作的案例说明一下运营的重要性。笔者曾经接了一个单子，客户是做淘宝情趣用品店的。店是新开的，销量一般，基本处于起步阶段。客户希望从微信这块入手，带动淘宝店的产品销售。所以，客户从很早就开通了微信公众账号，账号名称包含了“情趣用品旗舰店”的字样，这对于公众账号的推广来讲，或多或少造成了影响，毕竟商业味道有点重。

因此，在具体运营的时候，内容定位上就先进行了修改，目的就在于弥补名称上的缺陷。例如公众账号的头像拟人化，暂时取消直接推送广告，只分享与情趣有关的内容。当然，在确定内容类型的时候也参考过竞争对手的公众账号。鉴于竞争对手还处于推送活动或产品广告信息的状态下，我们在内容上完全能够实现弯道超车。特别是在互动游戏的策划上，我们推出了一个创意十足的情趣小玩意，短期内订阅用户的回复数量大幅上升，同时也吸引了其他行业公众账号的竞相模仿。

推广方面笔者基本都采用线上的各大平台，同时鼓励订阅用户在朋友圈进行传播。笔者发现，高质量的内容在朋友圈的传播效果非常好，互动游戏亦是如此。前期笔者只是在自己的个人微信号上进行了朋友推荐，而接下来的推广基本上就依靠订阅用户之间的主动传播。整个运营上的每个细节都不可遗漏，公众账号的实时消息回复也是有专人负责的，特别是情感热线的开通，公众账号的小编每天都需要陪聊。接下来的思路就是积累一定的订阅用户数量后，再逐步开始将产品信息软文化推送给订阅用户。

上文简略总结了微信运营的四个重点，还是为了让读者们确立一个观念：微信本质上玩的是运营、经营，而不是销售,销售只是最终的目的，也就是结果。

2.13 微信5.0之后该怎么玩

微信5.0内测版出来了之后，不少微信好友都在问，5.0有什么功能？“元芳你怎么看”？至于5.0会带来什么变化，下面有几点值得谈谈。

★ 5.0的“扫一扫”从二级页面拉到一级页面，权重提升说明了官方想进一步强化培养用户的使用习惯。至于扩展了扫描应用的范围，增加扫描条码、街景、图片和文字功能，除了摆脱使用单一的问题，更多的是想尝试其他的动作。一个扫描功能加上庞大的用户群体，像“我查查”、“快拍二维码”这类的App或多或少会受到冲击。街景就算了，在GPS[11]定位都有偏移的现实下，街景还有点远。图片和文字的扫描应用空间会很大，类似“闪译”这类的App们又会不淡定了。5.0让一部分App中了枪，但并不是说App们就没希望了，微信会成为“App Store”了。

★ 公众账号分为了服务号和订阅号，也算是对信息过载的一种短期解决对策。服务号每月只能群发一条消息，定制开发、主打服务、精细运营将会是主流。接下来会废掉一大批跟风的公众账号，而且官方的清理工作也不会只是一次两次的事情。公众账号搜索也该有更新了，只是规则还不是很明确。那些“玩票”的，整天乱发平台“春秋大梦”的，不知道5.0能不能让你们清醒过来。官方把公众账号的管理App化，个人感觉除了麻醉用户使其产生幻想之外，更多是想把“PC云桌面”的那种概念搬进来，把移动设备上的操作系统使用习惯延续到微信上来，实为一箭双雕。微信自身不会做得很重，而是通过开放让自己变得无所不能。

★ 青龙老贼在其文章最后透露了一点：微信的支付意义不仅在于微信。那就是说，微信已经化身为一款支付工具，说不定哪天在淘宝App上买只QQ企鹅，在京东App上买只狗，就能使用微信支付了。微信绑定了信用卡、财付通、网银，应该可以叫做移动万能支付卡了。

★ 5.0了之后会有什么变化，可能你会发现，微信已经跟现实生活紧密地对接了。各种商业模式都有可能冒出来，伴随着最便携最具黏性的手机设备。

影响微信玩家心情较大的莫过于5.0版本的内测，几多欢喜几多愁。欢喜

11 GPS（Global Positioning System，全球定位系统。）

的是那些一开始玩微信就把握对方向的玩家，愁的则是一开始就被人带沟里去，或者被自己的经验所误的玩家。微信真正玩起来比拼的是持久力，不像刚火一把就死的"疯狂猜图"或"百度魔图"。一个超级App玩的是格局，而不是扎进一个屁点那么大的地盘。你会发现，固定思维的影响其实是很大的：现在还有不少人把论坛的那一套垂直搬到微信上面来。有些兼职的白领也在玩这套，说白了，这跟以前笔者做个人站长没什么区别。商业模式是可以不改变，问题是平台改变了，时代改变了，因此，商业模式也不得不有所改变。

接下来该怎么玩？没必要去纠结这样的问题。草根有草根的玩法，大佬有大佬的玩法。前提还是你适不适合玩，有没有资源玩，然后再想怎么玩。笔者发现有些爱做梦的，把饼子画的很大；有些做淘宝天猫的，把前景想得很远。一到实操时则问题不断。"玩票"的与忽悠的，污染环境与打擦边球的，不是被别人干掉就是把自己干掉。剩下的玩家，有能力玩，适合玩，却不知道怎么玩，整天老是问这问那，公众平台怎么申请？营销软件有没有用？大转盘刮刮卡怎么弄？就这种思维的人，你给他一个比微信更牛的平台，他的段位照样在那里，浮于表面，没有规划。

万变不离其宗，运筹帷幄之中，决胜于千里之外。平台电商卖家、企业商家以及草根，回答完以下问题，你就应该基本了解微信该怎么玩了。

问题1：你会不会卖东西？你以前卖过东西吗？你在网上卖过东西吗？

问题2：你打算用微信做什么？卖产品，卖服务，卖广告，卖内容？

问题3：你了解你所卖的东西么？你了解你的客户么？

问题4：你为什么要用微信来卖？用微信来卖跟用其他方式来卖有什么不同？

问题5：你卖的东西跟别人卖的有什么不同？有什么优势？有什么卖点？

问题6：你懂不懂整合资源？你有没有资源？你能不能不整合资源？

问题7：你需要微信有什么样的功能？你用这些功能干什么？你不需要哪些功能？

问题8：你会不会规划？你有没有规划？你能不能随机应变？你知不知道有规则？

第 3 章 微信准备篇

3.1　什么是微信公众账号

微信的公众账号通俗一点来讲，就是面向公众的一个沟通渠道。公众账号只能在微信公众平台的网页上登录，不能在手机微信客户端上登录，登录的账号可以是邮箱、微信号和早期注册时的QQ号。公众账号只能被添加，也就是被个人微信号添加关注。添加关注的方式可以是扫描公众账号的二维码、访问公众账号名片、搜索公众账号的英文ID和中文名称。公众账号不能使用微信手机客户端上的功能，比如“摇一摇”、“寻找附近的人”。此外，公众账号可以设置自动回复，使用开发模式功能，而个人微信号是无法使用的。公众账号最大的特点在于可以群发消息。微信个人账号如果需要群发消息，那就只能使用群发助手，但公众账号可以事先编辑好图文，实现一键群发将消息发送到订阅用户处。

随着2013年6月7日微信官方放出5.0的内测版本之后，微信公众账号将会被划分为服务号和订阅号。服务号每月只能推送一次消息，订阅号每日可以推送一次消息。如此说来，服务号更适合做CRM服务、定制接口、精细化运营。订阅号则适用于媒体和个人。公众账号在5.0的展示列表上已经变得有点App化了，添加关注和移除关注的操作体验与移动设备操作系统类似。也就是说，公众账号App化，服务号和订阅号都必须做出一定的调整。服务号不再是依靠推送消息来做营销，而是通过自定义回复和接口定制开发给订阅用户提供服务。订阅号则应该调整推送消息的频率，也包括推送内容的精选。

微信5.0把订阅号放置在二级页面进行了归类，因此营销方面难度较早前要大，对媒体和个人而言，有好处也有坏处。反倒是服务号推送的消息还是与聊天列表混在一起，相信后期的版本更新也会有所调整。公众账号的归类杜绝了以往一打开微信满屏都是新消息红点提示的骚扰局面，而公众账号在未来也不会是微信上唯一占大头的营销手段。

3.2 微信公众账号的申请

微信公众账号的申请需要注意的细节有很多，规则也在不断地变化。注册公众账号需要注意公众账号的中文名称、微信号、是否需要认证三个重点。公众账号的中文名称是允许重复的，但是随着规则的更新条件会越来越严格。比如包含“微信”、“营销”等字样的名称，通过的几率比较低。另外，公众账号的中文名称不是越长越好，而是要根据自己的需求命名得简洁又不失特色。

例如“广州马佳彬网络科技有限责任公司”，在命名公众账号中文名称时，可以简写成“马佳彬网络”。微信公众账号的中文名称也可以按照“品牌+行业+产品名称”的方式进行命名，如果是申请多个公众账号做矩阵的话，这种方式是很不错的。同样的，如果微信号是英文和数字组合，切忌不要加任何下画线，或者组合过长。例如微信号“majiabin”就是以中文的拼音命名，相比“ma_jiabinweixin”长度更短，方便订阅用户搜索到我们。此外，微信号“majiabin”的最佳命名其实是“mjb”，既简短又方便记忆，而且订阅用户在手机上无需输入过多。

后期需要认证微信公众账号的用户，从一开始命名公众账号的中文名称时就需要注意一个细节，即公众账号的中文名称与微博名称要一致。以腾讯微博为例，首先微博需要通过认证，微博认证包括企业微博认证和个人微博认证。当公众账号的订阅粉丝数达到500个之后，就可以使用微博认证的资料来认证公众账号了。

另外，早前有不少人是使用自己的个人资料来申请公众账号的，但是公众账号的中文名称却是企业的名称。比如笔者用自己的身份证资料申请了一个叫“马佳彬网络科技公司”的公众账号，中文名称一旦确定了是没法修改的。接下来笔者如果需要认证这个公众账号的话，麻烦事情就来了。因为中文名称是企业的名称，而资料却是个人的，即便是笔者用自己已经认证了的微博去认证该公众账号，微信官方还是会判定你资料不符合。所以，在申请之前一定要确定好公众账号是用企业的资料去申请的，这样到了公众账号认证这一步时才不会出现纰漏。

下面就一步步为大家介绍微信公众账号的注册流程，首先我们来看一下微信公众平台的界面，如图30所示。

图30：微信公众平台

微信公众平台历经了几次改版，未来可能还会继续有所调整。点击右上角的“立即注册”即可使用邮箱进行公众账号注册，点击登录框右下角的“忘记密码”即可修改公众账号的登录密码。

基本信息的填写相对来讲比较简单，邮箱建议使用QQ邮箱。勾选了我同意并遵守《微信公众平台服务协议》之后，点注册即可收到一封确认邮件。这时打开QQ邮箱找到确认邮件，在48小时之内点开确认链接就行了，如图31、图32、图33所示。

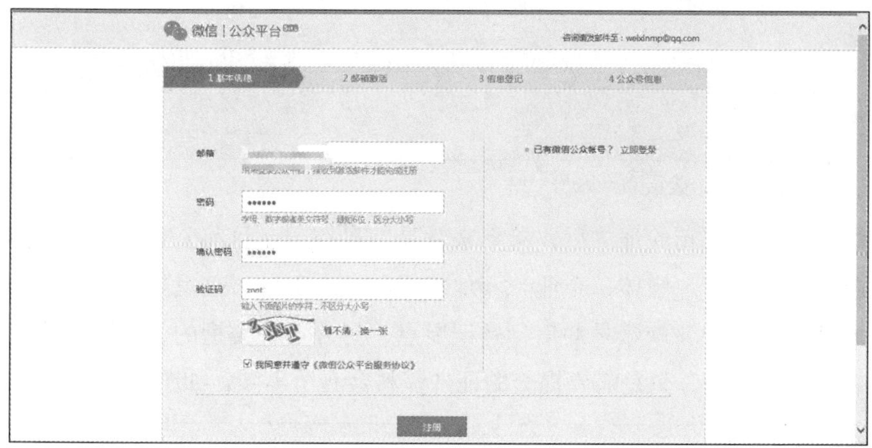

图31：基本信息填写

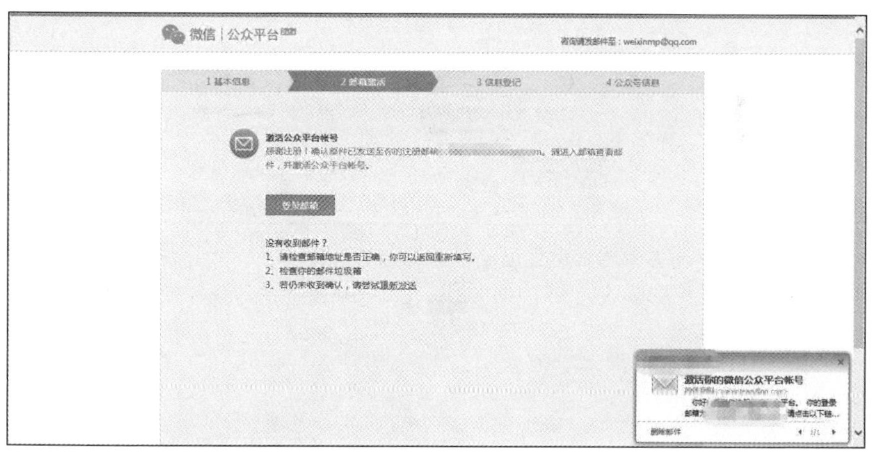

图32：确认邮件发到注册邮箱

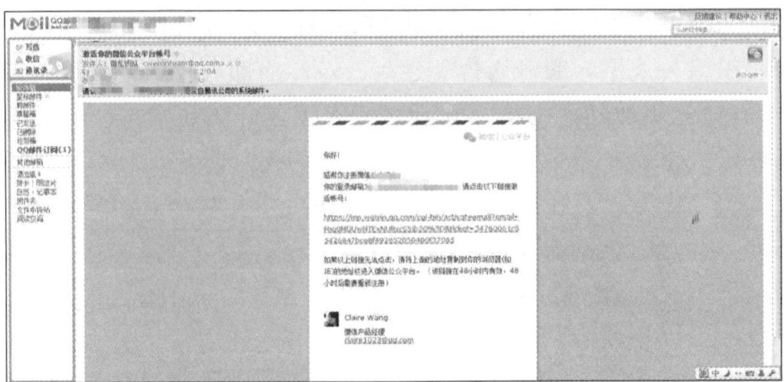

图33：点击链接激活账号

通过了邮箱验证之后，接下来就是信息登记。目前公众账号的类型已经被划分为政府、媒体、企业、其他组织和个人五种。这里主要介绍下个人公众账号和企业公众账号的信息登记要点，另外三种类型的公众账号信息登记都是差不多的，只是需要提交的证件资料会有所不同，如图34、图35所示。

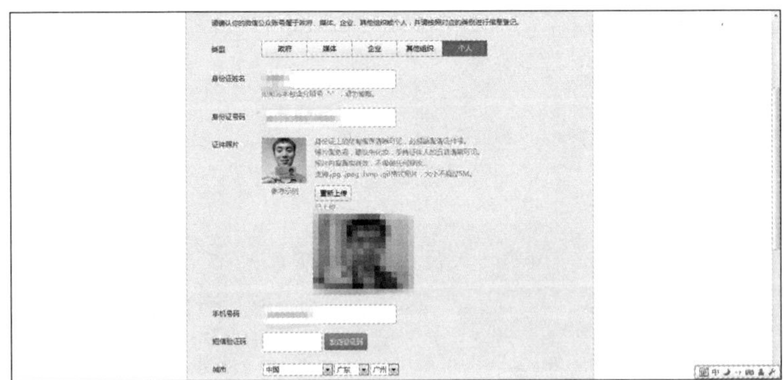

图34：个人公众账号信息登记

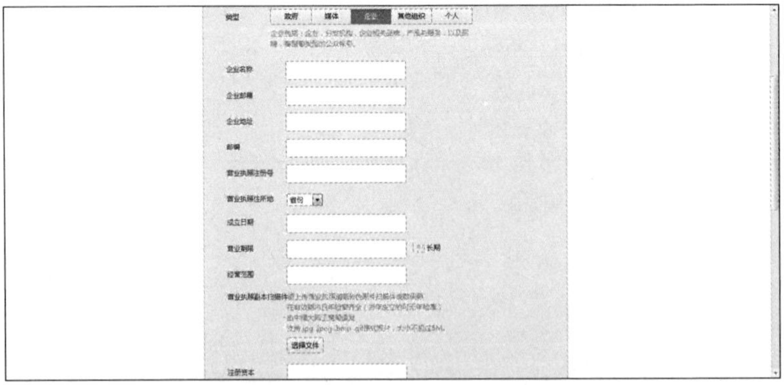

图35：企业公众账号信息登记

信息登记需要注意的是一个身份证目前只能注册两个公众账号，而且拍照的时候需要手持身份证，并且持证人的上半身与身份证都必须清晰可见。此外，一个手机号也只能验证两个公众账号。

信息登记完毕之后，下一步就是设置公众账号的信息了，如图36所示。这一步也是很关键的，因为微信公众账号的中文名称和微信号一旦设置了就无法修改。公众账号的头像和功能介绍每个月都可以修改一次，头像的设计必须美观大方，功能介绍需要通俗、精确地描述好公众账号的定位。公众账号的类型一般选择普通公众账号，而会议公众账号是一次性的，很少会使用到。

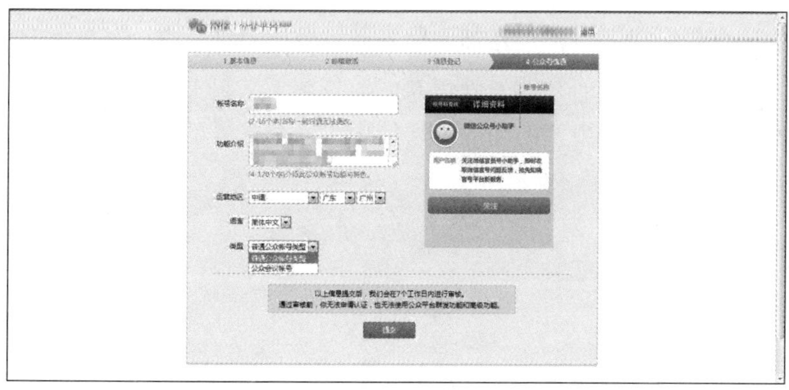

图36：设置公众账号信息

公众账号创建成功之后，微信官方将在7个工作日内进行审核，如图37所示。审核期间无法申请认证，也无法使用群发功能和高级功能。如果你设置的公众账号中文名称涉嫌侵权，或是被禁止了，则会出现如图38所示的提示。

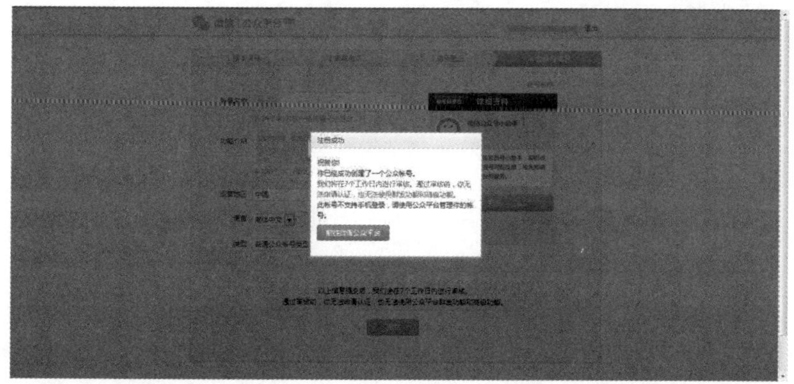

图37：公众账号创建成功提示

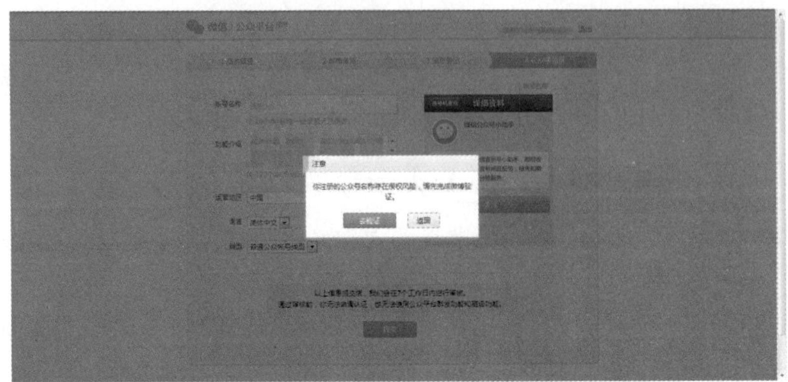

图38：存在侵权风险提示

提示了存在侵权风险，但是却要你先通过微博验证，这个其实是自相矛盾的，碰到这种情况目前只能另外想其他的名称了。以上步骤完成之后只能等待审核通过，否则最主要的功能没法使用，公众账号的营销价值也没法完全利用到。

3.3 微信公众账号的基本设置

公众账号的基本设置信息在注册时已经填写完毕了，登录公众平台之后点开“设置”即可查看或修改公众账号资料，如图39所示。

图39：公众账号设置

除了公众账号基本设置之外，剩下的比较重要的就是“高级功能”内的“编辑模式”设置了。点击“高级功能”，选择“编辑模式”，默认是没有开启的。我们点击按钮开启编辑模式之后，接下来就可以启用自动回复规则了，如图40所示。

图40：开启编辑模式

自动回复分为被添加自动回复、消息自动回复、关键词自动回复三种，如图41、图42、图43所示。被添加回复就是当微信用户关注了你的公众账号之后，自动回复一条欢迎信息或者菜单信息给他们。消息自动回复是在不符合关键词自动回复规则情况下的错误提示或者温馨提示。例如，你在关键词自动回复里面没有设置一条关键词为“m”的规则，那么当订阅用户回复“m”的时候，消息自动回复就起作用了。这里你就可以把消息自动回复设置成错误提示，告诉你的订阅用户，他们所回复的关键词有错误，请按照正确的关键词进行回复。

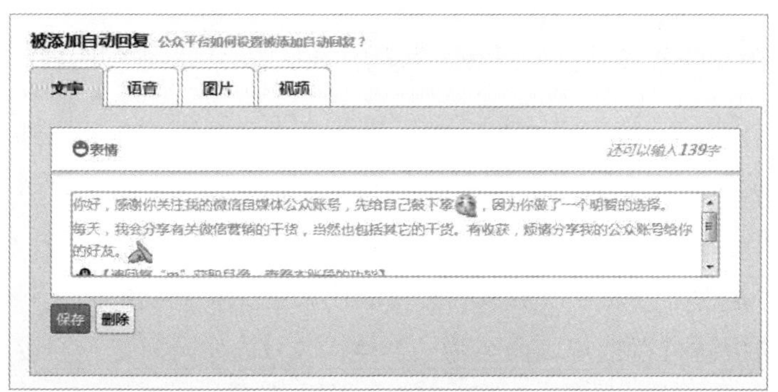

图41：被添加自动回复

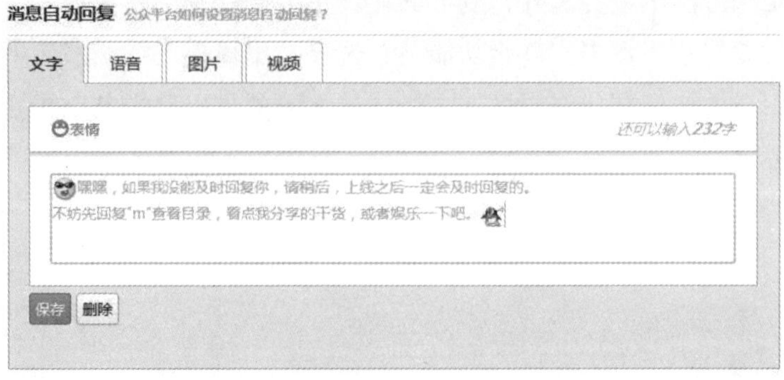

图42：消息自动回复

图43：关键词自动回复

关键词自动回复的规则设置需要你弄清楚逻辑，然后操作起来就不是一件很困难的事情了。当然，这里的设置也是整个公众账号实现交互的关键。比如订阅用户回复一个关键词“Q”，如果你事先设置了一条“Q”的规则，该规则是直接返回一条有关养生的图文消息。那么，订阅用户只要回复关键词“Q”，你的公众账号就会自动回复这条养生的图文消息给他们阅读。

关键词自动回复有200条的数量限制，也就是说你不能无限量地添加规则。一般情况下200条足够用了，太多的关键词回复反而会影响用户体验。点击添加规则即可看到一个需要你输入规则名、关键字、回复的界面，如图44所示。规则名是为了方便自己辨认和管理。比如上文中提到的回复一条养生图文消息，这里就可以把规则命名为“养生图文Q关键词回复”。接下来需要设置的就是关键字，还是以上文的回复一条养生图文消息为例，关键字

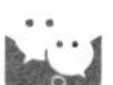

要设置成“Q”，只需在这里点击添加关键字输入“Q”即可，按回车键还可以一次性添加多个关键字。若关键字是英文字母，则不区分大小写。也就是说，大写“Q”和小写“q”效果是一样的。

图44：添加关键词自动回复规则

右侧回复内容可以是文字、文件、图文三种类型。文字就是纯文本内容，文件支持语音、图片和视频三种类型，文字、文件需要在素材管理页面上传，或者是在回复窗口点击了“文件”图标之后，在弹出的页面选择“新建素材”上传。图文的添加也是一样的，需要在素材管理页面事先准备好。在公众平台上，文字、图片、图文、语音、视频均可以作为素材。准备好素材之后，才能够在右侧的回复内容处直接调用。回复内容最多是5条，如果你添加的回复内容超过了2条，系统会随机抽取一条回复内容发送给订阅用户。但是，如果你勾选了“发送全部回复”，那么系统就会把所有的回复内容发送给订阅用户。

添加好关键字后，可以看到每个关键字的后面会有“全匹配”、“已全匹配”的按钮。点击任意一个关键词后面的该按钮即可将其修改为“全匹配”或“已全匹配”，如图45所示。“全匹配”的情况下，当订阅用户发送给公众账号的文字里面包含了关键字，那么系统就会匹配成功并回复用户相应的内容。如下图所示，当订阅用户发送了一个“h”或者一个“4”给公众账号，那么公众账号就会回复相应的内容。但如果是“已全匹配”的情况下，订阅用户必须输入完整的关键字，公众账号才能识别并且回复相应的内容。也就是说，订阅用户必须得回复“h4”才能获取公众账号发回来的内容。

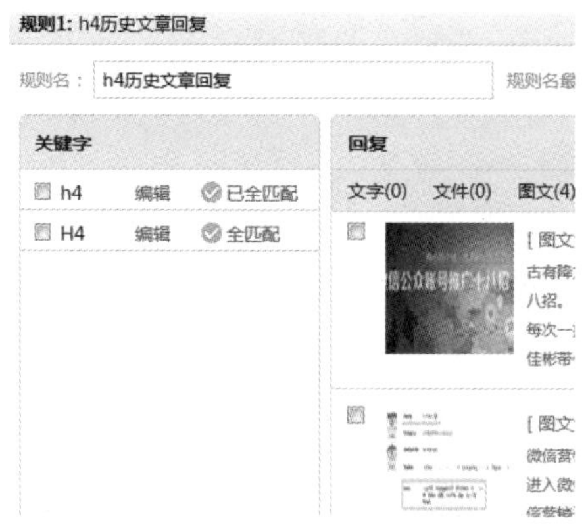

图45：“全匹配”与“已全匹配”设置

以上就是编辑模式下的关键词自动回复设置方法，设置了关键词自动回复之后可以实现很多功能，比如自助解答、菜单导航、答题游戏等。灵活运用好关键词自动回复功能，提高公众账号与订阅用户的互动频率，对运营好一个公众账号是大有裨益的。

3.4 微信公众账号如何申请认证

微信公众账号的认证规则从公众平台一推出就几经修改，早期认证非常便利，但经过了后期的一次清理工作之后，不少利用新浪微博认证的公众账号都被取消了认证。所以，在申请微信公众账号认证的时候，首选为腾讯微博，其次才是新浪微博，如图46所示。不过，既然一开始就想认证公众账号，那么就得注意以下两个细节问题。

第一：在微信公众账号注册之前先确定好名称，公众账号的名称必须与辅助认证的微博账号名称一致。比如笔者的微信公众账号名称是马佳彬，已认证的微博账号名称也是马佳彬。事先把微博账号申请了认证，再接着注册微信公众账号就踏实多了。微信公众账号订阅用户数量达到500即可申请认证，登录公众平台之后打开设置页面就能够看到认证的按钮，点击进去之后选择使用新浪微博认证或者腾讯微博认证，接着只需输入微博地址并发布一条微博进行验证就能够认证成功了。

第二：已认证的微博账号可以起到辅助微信公众账号认证的作用，除了名称要一致以外，认证资料也必须相关。这里的认证资料相关主要是指微博认证资料必须是靠谱的。比如笔者的新浪微博名称叫马佳彬，已经通过认证，认证资料上写的是一个农民工。但是，这时候笔者注册了一个房地产公司的微信公众账号，名称叫“中信地产”。按照上文所说的微信公众账号要取得认证，首先名称上就必须跟已认证微博的名称一致。所以，笔者就把自己的新浪微博名称修改成了“中信地产”，想借此忽悠微信官方一把，等微信公众账号认证通过了之后，再把微博名称修改回来。

说到这里，大家应该能看出点问题了。没错，笔者是侥幸把微信公众账号认证了，但是后来微信官方清理工作一开展，查到笔者已经认证了的微博账号名称与微信公众账号名称不一样，更坑爹的是二者的资料也不相关——一个个人的微博怎么能认证一个企业的微信公众账号呢？所以，最后笔者只能是被取消认证并要求重新提交资料。

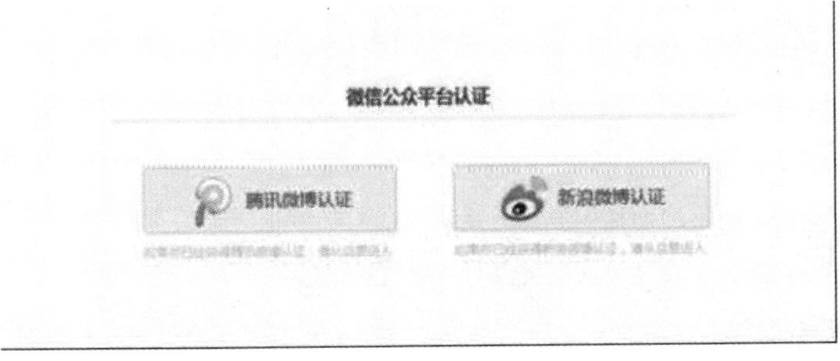

图46：申请公众账号认证

3.5 微信公众平台开发模式的简单配置

微信公众平台开发模式是使用公众平台的接口进行开发的，公众账号可以在自己的服务器上接收订阅用户的消息，并进行回复。此外，微信公众平台开发模式还提供了更多更高级的功能和体验，不过也有像"自定义菜单"这种自内测之后截止到笔者完稿都没有再次开放。微信公众平台的开放接口目前还不是很多，本小节只是初步介绍开发模式的简单配置，后续更深入一点的开发问题将留到技术篇进行讲解。

登录公众平台之后打开"高级功能"页面，如果你已经开启了编辑模式，请先把编辑模式关掉，因为编辑模式和开发模式只能开启其中一个，不可以两个都打开。启用开发模式之后也不必担心关键词自动回复怎么设置，因为通过开发模式也可以解决此问题。使用开发模式必须先成为开发者，接着需要输入接口的配置信息。接口配置需要的信息包括URL[12]地址和Token[13]，信息输入完毕之后再通过验证就能使用更加强悍、功能更多的开发模式了，如图47所示。这里的URL地址是你自己服务器的地址，也就是说你需要购买一款虚拟主机、云主机、VPS[14]或者独立服务器，根据自己的需求选择即可。购买了服务器之后，把接口文件上传到服务器，再申请注册一个域名绑定好服务器，这样就能够获得一个URL地址了。Token是可以随意命名的，默认是weixin，笔者这里修改成了majiabin。

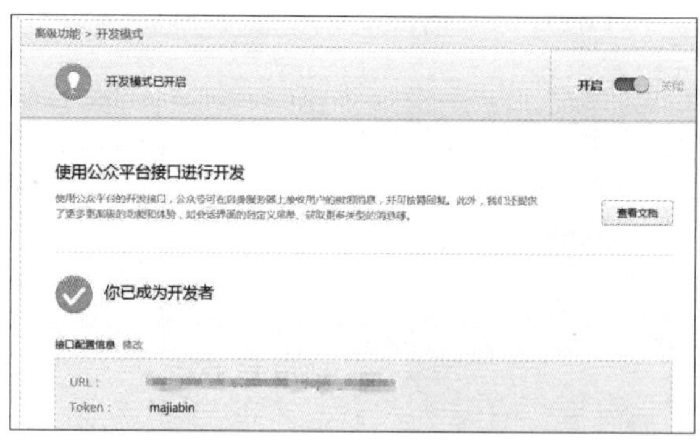

图47：开发模式设置

12 URL（统一资源定位符，Uniform Resource Locator的缩写，也被称为网页地址。）

13 Token（令牌,计算机术语。）

14 VPS（Virtual Private Server，虚拟专用服务器。）

第 4 章 微信营销维护篇

4.1 微信公众账号订阅用户管理

公众账号因不断地被用户订阅关注，数据量将会越来越多。随着用户量的增多，管理就会越来越困难。届时，对于用户的管理就会变得混乱，为了防止这样的情况发生，在开始运营公众账号之前就需要了解清楚公众平台，方便接下来对微信公众账号的订阅用户进行管理。

1. 订阅用户的资料查看

登录微信公众平台，点击“用户管理”后就会显示一个用户管理的界面，如图48所示。在“用户管理”的左方位置（图48左边方框位置），可以直接看到用户的分组情况（分了多少个组，每个组多少人）和用户量（把各个分组的人数加起来的总数），在界面的中部位置，可以直接看到用户的头像和昵称，而当你把鼠标放到用户头像的地方还可以看到用户的昵称、性别、地区、签名和所在分组，如图49所示。

图48：用户管理

图49：用户资料与分组

2. 订阅用户的分组

为了方便微信公众平台的管理，根据性别和地区等用户属性通常会将用户分成很多个不同的小组，如根据用户订阅公众账号的时间分类可以把用户分成新用户和老用户；根据性别分类分成男性用户和女性用户；根据用户所在的地区把用户分成北京用户、上海用户和广州用户等。

既然要对用户进行分类，那就需要在公众账号里面设置分组，新建分组的步骤如图50所示。

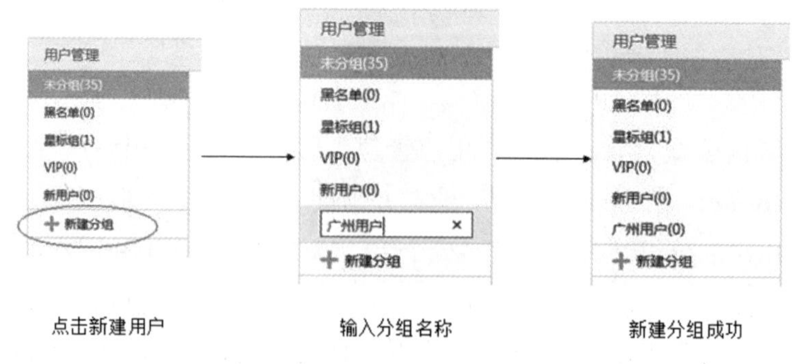

图50：新建分组

设置分组完成后，就可以把客户按照不同的属性放入不同的分组里面，其中可以选择逐个把用户放入分组，也可以批量把用户放入分组。逐个把用户放入分组比较适合每天新增用户不多的公众账号；而批量把用户放入分组则比较适合不经常对公众账号进行管理的和每天新增用户比较多的公众账号。

如果要把用户逐个地加入到已经建好的分组里面，可以先点击用户所在的分组，选择要操作的用户，然后点击用户右边的分组类别，选择需要把用户加到哪个分组里面，最后点击“放入”就能把用户放到所需要放的分组里面，具体操作如图51所示。

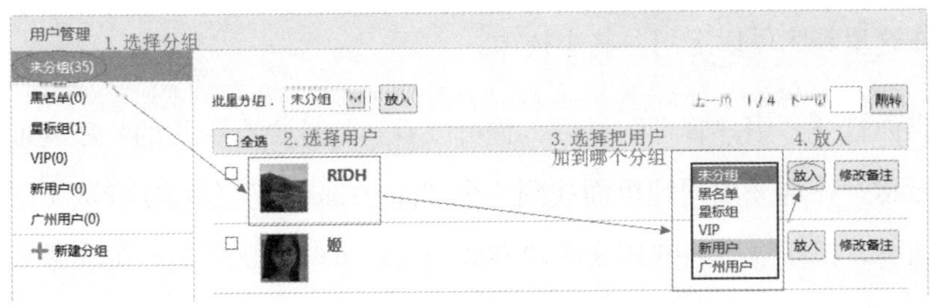

图51：逐个分组

如果你要把用户批量加入到已经建好的分组里面，你可以先点击用户所在的分组，选择你要操作的用户（在用户前面的小方框上打钩，可以选择“全选”），点击用户头像上面的“未分组”，选择需要把这一批用户加到哪个分组里面，最后点击“放入”就能把用户放到所需要的分组里面，具体操作如图52所示。

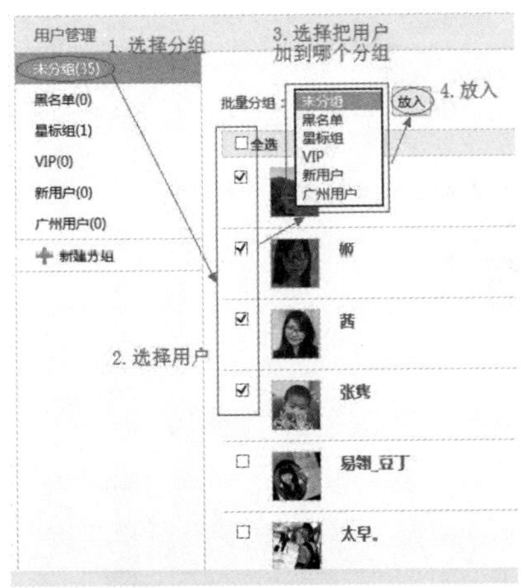

图52：批量分组

3. 用户管理小技巧

打开“用户管理”的界面后（图48），你会发现每一页只能显示10个用户的资料，如果你的公众账号的用户量达到了10 000以上，由于公众平台后台的用户管理并没有用户搜索这个功能，因此要在这10 000人里面找一个人非常困难；另外，如果你这个公众账号每天新增的用户量有好几百，一批批地把这些号加入到各个分组里面就得操作好几十遍（原本设定每次最多10个），这样未免显得有点烦琐。

在这里其实可以运用一些小技巧。

当你打开“用户管理”以后，你可以看到地址栏有很长的一段网址，如图53所示，在这一段网址里面找到一个“pagesize=10”的URL参数（图53方框里面），把等号后面的10改成10 000（pagesize=10000），改完参数后敲回车键，这样每页可以看到的用户量就是10 000。

图53：地址栏

如果你需要查找某一个人，按Ctrl+F组合键输入你所要查找的用户昵称，点击“查找”后就能查找到所要查找的用户，如图54所示。

图54：查找用户

4.2 微信公众平台素材管理

当微信公众平台开始运营时，不管是被添加关注时的自动回复、消息的自动回复、关键词自动回复，还是群发消息给用户的时候，只要内容涉及到图文信息、图片、语音和视频，这些素材都需要运营者手动上传到公众平台上，因此对于这些素材的管理就显得非常重要。

1. 素材的查看

登录微信公众平台后，点击“素材管理”就会跳到“素材管理”的界面，如图55所示，在这里你可以看到该页面内的各种素材分类，而这里的素材主要分为图文消息、图片、语音和视频。

图55：素材管理

2. 图文消息素材的添加、编辑和删除

对于现在的微信公众账号运营而言，用得最多的素材要数图文消息，不管是被添加关注自动回复、消息自动回复、关键词自动回复还是消息的群发基本都离不开图文消息，所以在素材管理上主要介绍图文消息的管理。

图文消息的添加

要添加图文消息可以把鼠标移动到页面的“+”号上，“+”号的地方就会转变成"单图文消息"和"多图文消息"的页面，如图56所示，在这里就可以选择你要添加的图文消息的种类。

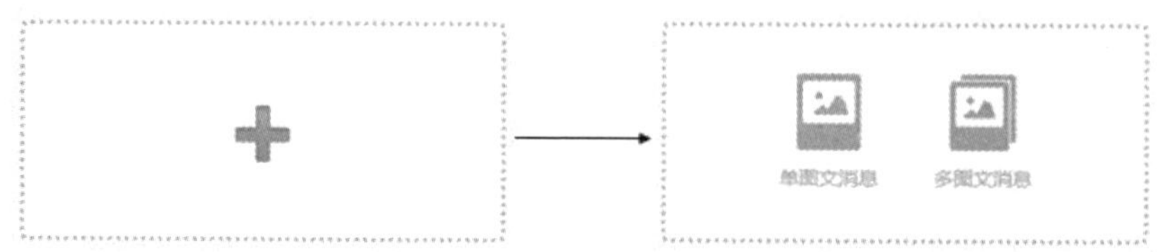

图56：添加图文消息

图文消息的编辑

点击"单图文消息"或者"多图文消息"后就会转到图文消息的编辑页面。

单图文消息编辑主要包括标题、封面、摘要和正文内容的编辑，如图57所示，其中信息发送到用户后，图文消息的标题、封面和摘要都会出现在推送用户的界面上，用户接收到的效果图见图57的左方方框位置。

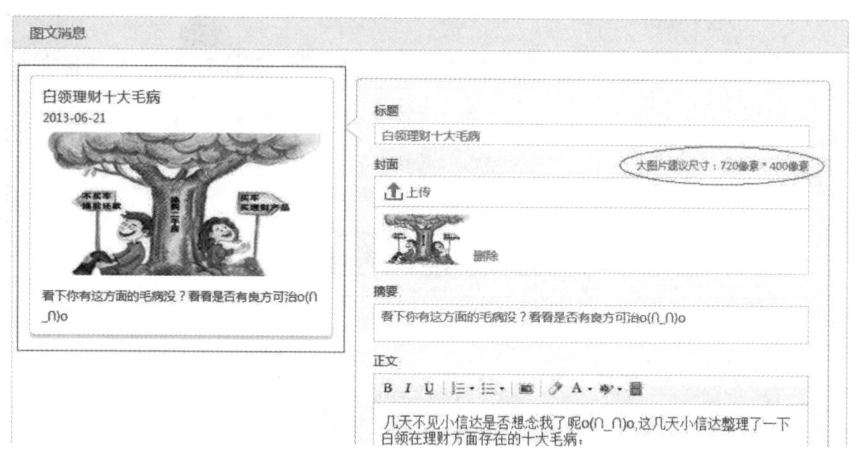

图57：单图文消息编辑界面

在编辑单图文消息的时候需要注意以下几个问题。

① 标题最多只能显示36个字。

② 封面最好是720×400像素的，不然会出现封面显示不完整的现象。

③ 摘要最好由自己编辑，如果不编辑的话默认是正文前面部分的内容。

多图文消息编辑主要包括标题、封面和正文内容的编辑，如果需要增加图文消息可以点击图文信息下面的“+增加一条”按钮，如图58所示，其中这里每一个图文消息的标题和封面都会出现在推送用户的界面上，用户接收到的效果图见图58的左方方框位置。

图58：多图文消息编辑界面

在编辑多图文消息的时候需要注意以下几个问题。

① 第一个图文消息的标题最多只能显示36个字，余下的图文消息标题最多只能显示30个字。

② 第一个图文消息的封面最好是720×400像素，余下的图文消息的封面最好是400×400像素，不然会出现封面显示不完整的情况。

③ 图文消息的添加是有上限的，最多只能添加8条图文消息，而在手机上显示时，每屏一般只能看到4条，所以在推送一些图文消息的时候建议不要超过4条。

在图文消息编辑完成以后，可以点击最下面的“预览”按钮发送到自己的个人微信号上，如图59所示，然后就可以在自己的微信上查看图文消息推送给用户后的具体视觉效果。

注意：自己的个人微信号需要先关注公众账号才能发送预览。

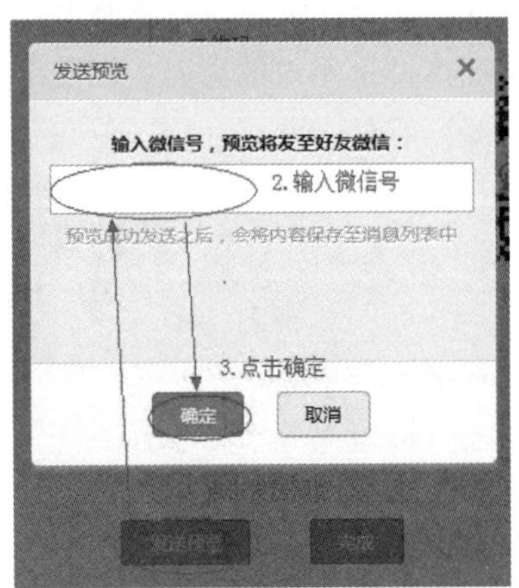

图59：图文消息预览

图文消息的修改和删除

图文消息在编辑完成后难免会出现一些错误，为了避免在以后的使用过程中继续出现这样的错误信息，就得在发现错误的时候快速地去修改这些错误，修改的时候只要点击图文消息左下方的"铅笔"（如图60所示左下角的圆圈位置），点击后会重新出现图文消息的编辑页面。

图文消息在使用过后难免会出现过时的情况，运营一段时间后会积累下大量的图文消息，这会对以后的图文消息管理造成不便。所以在素材管理上，要不定时点击对应图文消息右下角的"垃圾桶"（如图60所示右下角的圆圈位置），把不需要的图文消息删除掉。

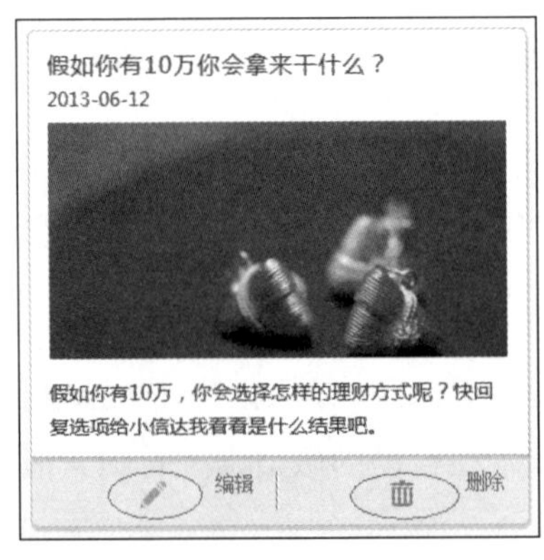

图60：图文消息的修改和删除

其他类型消息的管理和注意事项

图片素材的管理：只回复一张图片或者只推送一张图片的消息是比较少见的，但是在编辑图文消息的过程中，运营者所要用到的封面、图片会自动保存在“图片”这一栏目中。

在上传图片素材的时候有一些注意事项：图片大小限制在2MB以内，需要bmp、png、jpeg、jpg、gif格式，如图61所示。

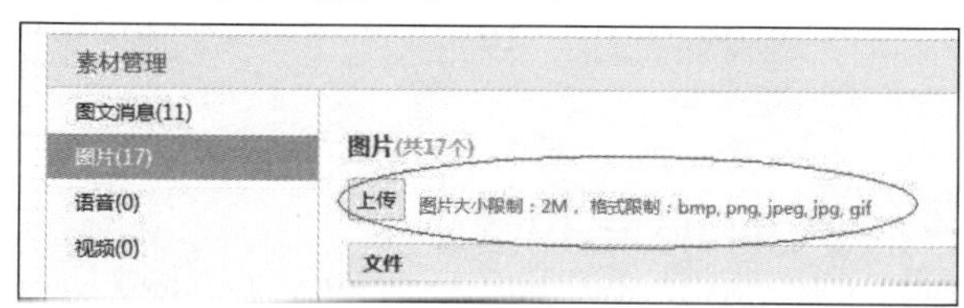

图61：图片素材的管理

语音素材的管理：语音素材通常在消息的推送和一些活动中使用，在录制录音的过程中要尽可能地利用完这60秒的时间，保证这段录音包含所需要表达的内容。

在上传语音素材的时候有一些注意事项：语音大小限制在5MB以内，长度限制在60秒以内，需要mp3、wma、wav、amr格式，如图62所示。

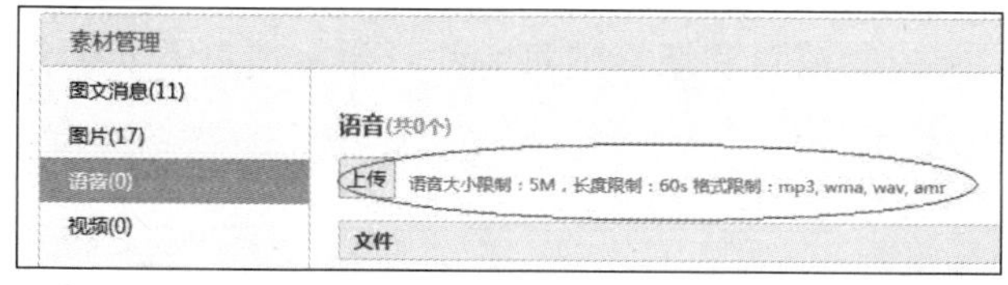

图62：语音素材的管理

视频素材的管理：视频素材一般在宣传企业文化和举办活动时使用，是一种比较生动的宣传方式。

在上传视频素材的时候有一些注意事项：视频大小限制在20MB以内，需要rm、rmvb、wmv、avi、mpg、mpeg、mp4格式，如图63所示。

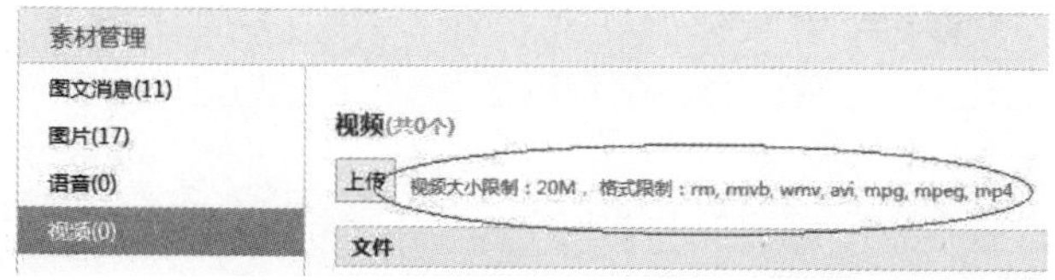

图63：视频素材的管理

3. 素材管理的小技巧

点开“素材管理”，在不同的素材模块里面能看到该模块消息的总数，但是在每一页的页面上还是只能显示10条消息，为了方便素材的查找和管理，可以把每一页的素材显示数量增减为你所需要的数目，具体操作可以参考4.1.3上的用户管理小技巧，这里就不再重复了。

4.3 微信公众平台实时消息回复

有些公众账号在举办一些活动的时候，微信公众平台上难免会收到不少来自用户的消息，这些消息有可能是咨询的，也有可能是为了参加活动的，对于这些消息，运营者都可以在微信公众平台上直接查看和回复。

1. 实时消息的查看

在微信公众平台上，点击“实时消息”后会出现用户跟公众平台互动消息的界面，如图64所示，在这个界面里你可以选择查看当天的消息、昨天的消息、前天的消息、5天内的消息和星标消息（注：星标消息需要运营者自己标注）。

图64：实时消息界面

2. 实时消息的回复

对于用户发过来的消息，在没有设置自动回复的情况下，通常都需要运营者亲自通过公众平台去回复用户，以达到交流的目的。看到需要回复的消息，运营者可以把鼠标放到用户发过来的消息栏里，右边会出现一个星星标志和一个回复标志（星星标志用于将消息标注为星标消息，回复标志则用于直接回复用户），如图65所示。

图65：实时消息的回复

点击“回复”按钮后会出现快捷回复栏，如图66所示，在这个栏里面写上回复的内容后点击“发送”就能通过公众平台将消息发送到用户的微信上。

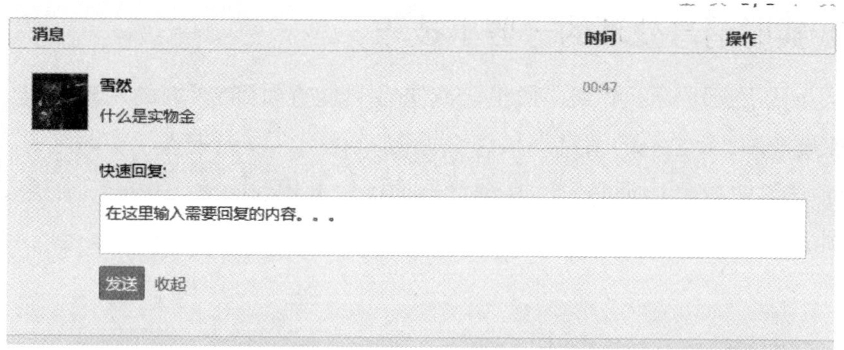

图66：快捷回复栏

有时候遇到一些订阅用户接连发了很多个疑问过来，如果每一个问题都采用快捷回复的方式会显得很麻烦，在这种情况下就有必要跟用户进行一对一的直接交流。要实现这样的功能就需要双击订阅用户的头像进入跟该订阅用户直接交流的独立界面，如图67所示，然后就可以与订阅用户以在线聊天的形式交流了。

图67：独立交流界面

3. 实时消息处理的一些小技巧

从上文可以了解到，微信公众平台只能查看到5天内的用户消息，如果想要查看5天之前的消息那该怎么办呢？我们可以先进入"实时消息"的界面，点击"5天内消息"，在浏览器地址栏上找到URL"day=3"的参数，如图68所示，然后把参数改成"day=20"，这样就可以查看20天以内的消息。

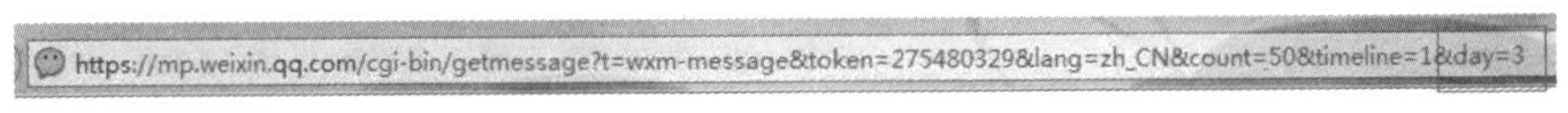

图68：修改URL参数

实行一对一的实时交流时，在单个页面里面只能看到最新的20条消息，这对于一些运营者来说是一个很大的限制，如果这20条消息后面有重要的消息，或者有一些很重要的资料那该怎么办？我们也可以通过修改地址栏上的URL参数来实现，如图69所示，在地址栏上找到"count=20"，把"20"改成所需要显示的消息量就可以了。

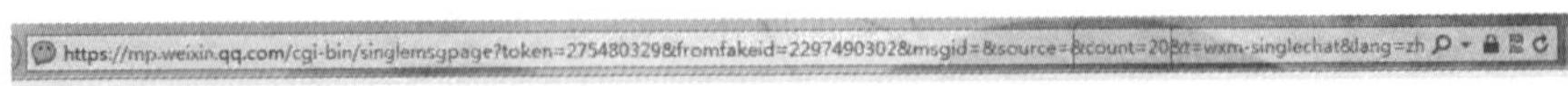

图69：修改URL参数

4.4 微信公众平台群发消息的细节

微信公众平台有一个很好的功能，那就是每天都有一次很“宝贵”的推送消息的机会（微信5.0之后服务号每个月只能推送一次消息），既然这推送消息的机会是如此的宝贵，那就需要公众账号的运营者在消息推送前对消息进行合理的编辑。

1. 群发消息的选择

在考虑群发消息之前，需要考虑好该群发一些什么样的内容，群发的内容大抵可以分为纯文字、语音、图片、视频和图文消息，如图70所示。其中纯文字可以直接在编辑栏里编辑，其他的推送内容选择的则是“素材管理”里面的材料。

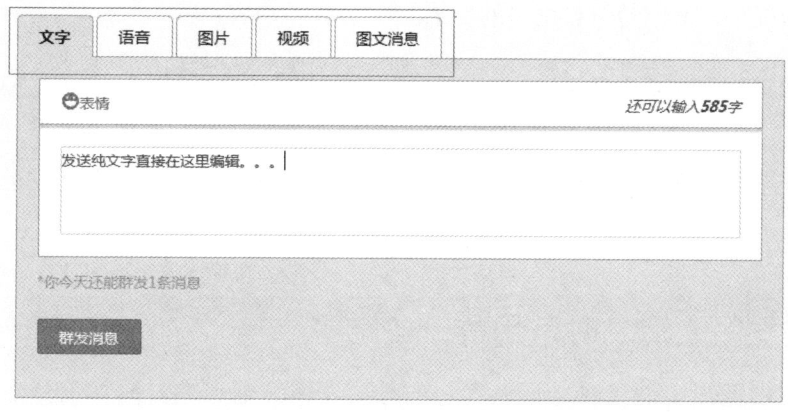

图70：群发消息的界面

因为群发消息里面的一些限制，发送图文消息的时候时常会出现发送失败的情况，而纯文字内容发送的成功率会比直接发送图文的成功率高出很多，所以也有个别的运营者会运用回复“关键字”来获得推送内容的形式来进行内容的推广（如：回复“1”来获得本期内容），这种回复“关键字”来获得内容的途径实质上是利用了关键字回复功能。

2. 群发消息发送的对象选择

在发送的内容上面有一个针对此消息的发送对象选项，如图71所示，其中图4–25是针对公众账号上的所有用户，图4–26是针对公众账号上某个分组上的用户。

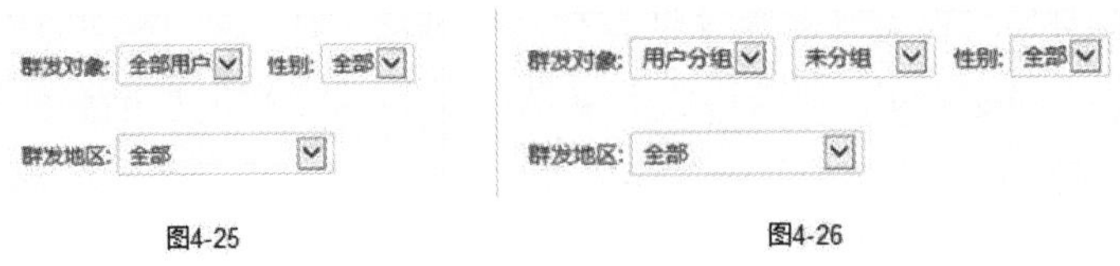

图71：群发消息的对象选择

不管是针对公众账号上所有的用户还是某个分组上的用户，在群发消息时都有两个固定的选项——性别和群发地区，这增加了消息推送的针对性，比如要在某地方举行一些活动，运营者就可以在群发地区里选择活动举办地，推送一些该活动的消息，让当地的人能了解到这个活动的内容，而不是当地人就无法收到相关消息，这大大地减少了“垃圾消息”给用户带来的各种“骚扰”，不容易引起用户的反感。

在进行群发消息时需要注意一个问题：群发内容选择的对象不管是属于哪一个分组的，只要消息成功发送出去以后就默认这一天的一条消息已经发送完毕，也就是说不管消息发送给谁，所有用户共用这一次消息发送的机会。

3. 群发图文消息时常用的一些结尾

在群发图文消息时，运营者一般都会在图文消息的最后加上公众账号的信息，其中包括：公众账号、二维码和一些引导性的文字。在结尾的构造上，运营者可以发挥自己的创意来使这一块布局变得更加美观，更加吸引人，从而达到吸引订阅用户的目的。

在此笔者选择了两个做得还不错的模版给读者作为参考，如图72、图73所示。其中图72是“海蒂情趣旗舰店”图文推送的结尾，图73是“源代码网络科技”图文推送的结尾，希望能给大家提供一些参考。

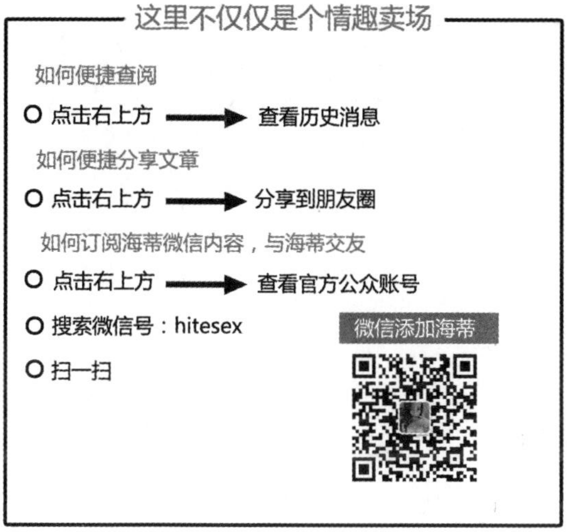

这里不仅仅是个情趣卖场

如何便捷查阅

- 点击右上方 → 查看历史消息

如何便捷分享文章

- 点击右上方 → 分享到朋友圈

如何订阅海蒂微信内容，与海蒂交友

- 点击右上方 → 查看官方公众账号
- 搜索微信号：hitesex
- 扫一扫

微信添加海蒂

图72：模版1

源代码网络科技

www.ydmnet.com

如何分享

- 点击右上角 → 分享到朋友圈

如何查看历史消息

- 点击右上角 → 查看官方账号→查看消息

如何订阅

- 点击右上角 → 查看官方账号→关注
- 查找公众账号：源代码网络科技
- 搜索微信号：ydm-2009
- 扫一扫右面二维码

更多网络科技咨询，请关注我们！

图73：模版2

第 5 章 微信推广篇

5.1 微信公众账号的立体式推广

微信公众账号的推广方式包括了线上的全网推广和线下的整合推广。在推广之前，首先需要梳理一下自己目前拥有的推广资源、擅长的推广方式。比如，你在线上拥有十几个千人的QQ群，或者在线下拥有几块广告牌。资源拥有情况的不同，推广的起步就不同。梳理完推广资源之后，接下来就需要进行筛选。筛选的标准有三个：一个是该推广渠道能否覆盖自己的目标客户，二是该推广渠道能够覆盖多大数量的目标客户，三是所覆盖的目标客户是微信用户的比例有多大。

线上的推广手段包括微博原有粉丝的导入，QQ群，SNS社交网站，博客，官网，天猫或淘宝商城等。线下的推广方式包括企业的宣传材料，如名片、产品画册、产品包装等。此外，还包括户外广告，如海报、X展架等。一般来讲，线上推广做得好的企业，即网络推广已取得成效的，则可以利用现有的优势将微信的公众账号推广出去。如果本身的网络推广就做得马马虎

虎，想推广好微信的公众账号，那还真得补补基本功。线下的推广因为各自的行业不同、条件不同，这里就不一一说明了。下面就统一说明一下线上和线下在推广过程中需要注意的细节问题。

线上推广不外乎是推广二维码或者公众账号的微信号ID。有不少朋友可能一开始就能够想到，把公众账号二维码先放上官网，放上商城，在QQ群中群发。当然，也可以为公众账号二维码撰写看起来很吸引人的文案，什么“扫一扫有惊喜”，“扫一扫送大礼”之类的。其实，文案只是公众账号二维码推广的一部分，更多的应该去考虑用户是否会去扫描，在什么样的环境下去扫描。举个例子，你将微信公众账号的二维码放到网店上，文案是“扫一扫添加关注，送5元优惠券”。看似做得非常到位，但仔细想一想，能有多少用户会拿起手机打开微信，然后扫一下你的二维码添加关注呢？同样的，在QQ群或者其他的平台群发微信公众账号的二维码，这真的有效吗？

答案是不一定的。做网络推广总以为把广告打出去了，访问量上来了，效果就会有的，这种想法肯定是有问题的。首先，推广微信公众账号的二维码必须得考虑到很多的细节问题，这里留到下一章再详细讲解。其次，推广微信公众账号的微信号ID时得利用好文案，一步步地引导用户去添加关注。更为关键的是，我作为一个普通的用户为什么要关注你的公众账号？仅仅是为了5元优惠券？关注了之后后续就没有好处了吗？我关注了你的公众账号之后会不会经常性地收到骚扰广告？

把以上问题想清楚了，你就会发现其实无论是线上推广还是线下推广，归根到底还是你有没有推广的资源，你有没有站在用户的角度去想如何完善好推广的素材。

5.2 如何利用微信客户端功能进行推广

微信的客户端包括了手机端和PC网页端，手机端上的不少功能和页面对于公众账号的推广还是有一定帮助的。当然，利用微信个人小号除了推广公众账号之外，还可以灵活运用推广其他的产品或服务，所有的推广都是以不骚扰用户为前提。未来随着微信的不断改版，微信小号在手机端上的推广行为或多或少都会受到规则的限制。所以，笔者在这里提到的方法，往后不一定适用，更多的是给出思路，剩下的还得靠读者自己去摸索拓展。

首先，我们从微信个人小号的资料设置入手，像信息设置里面的头像、名字、个性签名都可以作为推广的地方。你可以将头像设置为自己企业或者产品品牌的LOGO，名字也是如此。个性签名限制30个字，可以在这里填写广告文案。其次就是“我的相册”主页的相册封面了，以笔者的“我的相册”主页为例，如图74所示的封面是一张沙漠独行者的风景图，当然这张图片是可以替换成广告图的，自己设计一张图片传到手机上，再点击“更换相册封面”然后从手机里面选择就行了。更改了相册封面之后，你的微信朋友们在“朋友圈”里点击你的头像就可以进入你的相册主页，自然就看到这张广告图片了。

图74：“我的相册”主页

手机端的寻找附近的人打招呼，摇一摇和漂流瓶也可以用来推广。但是，目前这几个功能已经有点被过度推广了，还是提醒读者朋友们谨慎使用。通过批量打招呼来发广告对用户骚扰较大，一旦被其他用户举报就会被封号。而玩漂流瓶的以女生居多，属于不定向推广。此外，在“设置”页面下的“功能”列表中的“群发助手”也可以作为推广的辅助工具，建议在节假日发些问候，或者是软广类的信息。当然，每天群发无聊的早安、午安、晚安真的是非常惹人厌的，切记一定要掌握好发送信息的频率。

5.3 微信二维码推广技巧

微信二维码的推广技巧还是挺多的，包括自身的设计，文案的设计，推广平台的选择。下面将从以上三个维度分别进行介绍。首先是二维码的设计，官方公众平台生成的黑色二维码整体看来不够美观，试想“全城尽晒黑色码”的情况下，你的微信公众账号二维码肯定早已淹没在浪潮之中。如果你的二维码设计得有个性，有色彩，甚至还有点创意，那么无疑会很吸引人的眼球，更重要的是挑起了人的好奇心，让人禁不住拿起手机去扫一扫加关注一探究竟。

彩色二维码的设计并不难，企业有聘请美工的话直接让美工美化一下原始二维码即可。如果没有美工，那么可以通过“二维码工坊”这个网站进行美化。首先登录“二维码工坊”的网站 www.2weima.com，注册一个用户账号，注册完成了之后选择生成微信的二维码格式，然后再将公众平台的黑色二维码下载到本地电脑上，紧接着就是将黑色二维码上传到网站，最后调整成你喜欢的样式生成就行了，如图75所示。在“二维码工坊”生成的二维码是可以保存到本地电脑的，方便作为以后的推广素材使用。

二维码搭配的文案设计也很重要，好的文案能够做到诉求与用户的需求相一致。在设计广告素材的时候，把活动的诉求点和扫描二维码的操作指引步骤说明添加上去是很有必要的。活动的诉求点包括了参与活动所得到的物质奖励，而添加扫描二维码的操作指引步骤说明主要是为了避免用户因为不熟悉微信而不知如何操作的情况出现。总的来讲，细节问题要考虑到位，要站在一个普通用户的角度去设计推广素材。另外，素材设计完成了之后先让小部分的用户体验一下，以减少后续因大规模推广而出现的失误。

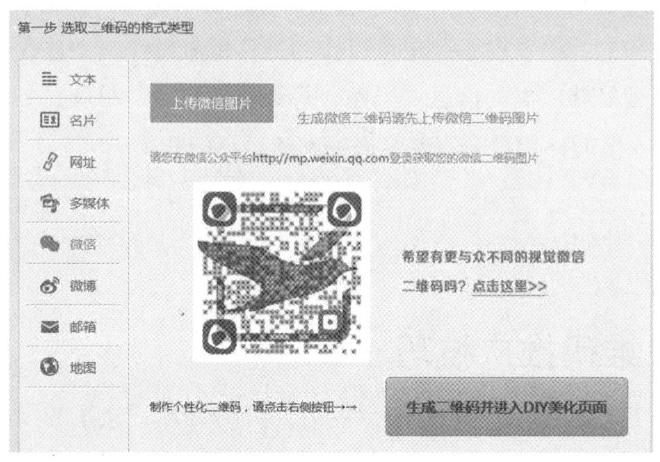

图75：在线制作彩色二维码

5.4 微信软文推广技巧

微信的软文推广需要一定的文案技能，软文的写作肯定不同于硬广。在此笔者也建议读者朋友先自学软文方面的写作技巧，毕竟软文的内容之广不是本书所能一一涉及到的。通过软文来推广微信的公众账号，最常用的技巧是将微信的公众账号当成案例来写作。但是，如此一来也会出现相应的弊端：案例的受众不一定是自己的目标客户，有可能是喜欢研究微信案例的人，也有可能是自己的竞争对手。

那么，微信的软文写作就应该尽量不写案例，把内容创作的重点放到我们的目标客户身上来。举个例子，做美容行业的微信公众账号可以写美容技巧相关的内容，再把微信公众账号的推广广告适当地在内容中体现。软文除了软而不硬之外，选好发布平台也是很重要的。比如你做的是美容院的公众账号，那么软文就应该发布在时尚杂志，或者发布在读者是女性群体为主的媒体上。

通过软文写作来推广微信公众账号，假如自己真的没有能力做好，倒是可以在网上找人代写、代发。如今自媒体的影响力越来越大，软文发布在合适的自媒体上也是一个不错的选择。把握好与自媒体人合作的基本要求，其他的大可放心让他们大胆地去创作。与此同时，广泛地选择媒体平台，尽可能地将信息传播给目标受众，这样最终才能体现出软文的威力。

5.5 微信公众账号推广不能误入歧途

不少人在推广公众账号的时候容易犯点错误，当然更多是出于对微信的不了解，或是太过于急功近利。微信的推广难度比微博更大，因此也要求运营者转变思维，把重点放到账号的运营上，通过订阅用户的主动行为来达到推广的目的。不过，投入大量资源去推广也不是长久之计，更多的是适用于刚建立的微信公众账号的初期推广。因此，在推广的过程中应该尽量避免犯以下错误。

第一：内容无价值，没有深度也没有说服力，不是原创更没有经过整理，简单地说就是摘抄网络上已经泛滥了的内容。早前做微博的朋友们都知道内容库，但是微信公众账号推送给订阅用户的内容还是尽量以原创为主。内容要做到不枯燥、有意思，具备娱乐性。行文风格通常是口语化、个性化的，多去尝试使用针对爱人、孩子、朋友的语气来创作内容。

第二：恶意广告骚扰，每天都必不可少地推送广告，这里也包括推送软文广告。常见的恶意广告骚扰内容形式就是打折优惠、抽奖活动。笔者觉得持有微博心态和纯粹把微信公众平台当群发机器的人，一时间很难把观念转变过来，一天不发条广告，总觉得浪费了机会很可惜。殊不知每天的广告一发出去，有些订阅用户会直接取消关注，有些订阅用户则会选择屏蔽接收消息。运营者想让信息传播得更广的初衷是永远得不到满足的，微信5.0版本将继续维护用户的体验。

第三：运营公众账号没有计划和策略。今天跟风做个微网站功能，明天再弄个天气查询功能。推广也是如此，资源乱用预算乱花，最终的结果可想而知。

第四：没有主动与订阅用户沟通，也不懂得如何与订阅用户互动。沟通与互动是做好微信最为关键的地方。但从目前看来，不少运营者还真得恶补一下。所谓的互动不仅仅是要求订阅用户回复相关关键词从而获得内容，更重要的是运营时要保证有足够的人力去对接每一个订阅用户，回答订阅用户的问题或者是与其进行感情上的交流，“陪聊”一说就是这么来的。订阅用户被公众账号的内容或服务吸引过来之后，能够将他们留下来的最有效的手段还是及时回复和不定时沟通。

5.6 导入通讯录推广公众账号

本招数适合拥有大量客户手机名单的朋友们。通过批量导入客户手机号码到自己的微信号上，再将客户添加为微信好友，最后向客户推广公众账号或者产品服务。操作相对来说有点烦琐，大家得有点耐心。

第一步：首先下载“豌豆荚”软件，具体下载地址可以百度搜索，搜索到了之后下载，并安装到电脑上。然后用数据线连接好安卓系统的手机，紧接着就会更新手机驱动。手机驱动更新完毕之后，就可以对手机进行管理了，如图76所示（如果“豌豆荚”有提示备份手机通讯录，请不要选择备份）。

图76：“豌豆荚”管理手机

第二步：准备好客户的名单，一般是在Excel中先排版好。如果不清楚排

版的格式，可以先新建个联系人。快速新建联系人为了方便，只需要填写姓名和移动电话即可，如图77所示。

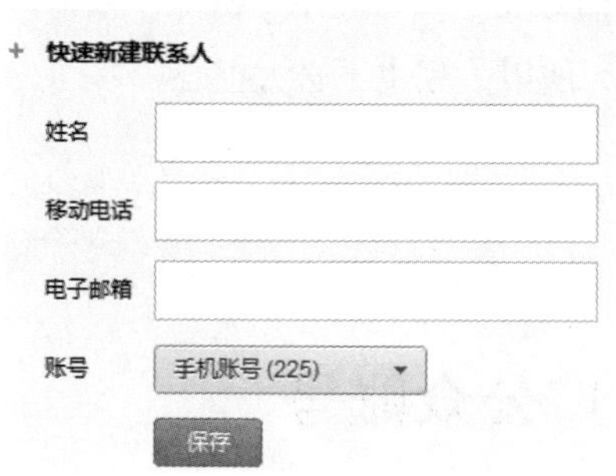

图77：快速新建联系人

第三步：刚刚第二步我们已经新建了一个联系人，现在我们选择导出，就可以获得一个标准的模版文件，然后根据模版文件把我们需要添加的客户名单排版上去就行了，如图78所示点击“导出”按钮。

图78：模版导出

导出的文件格式选择“csv”，如图79所示。

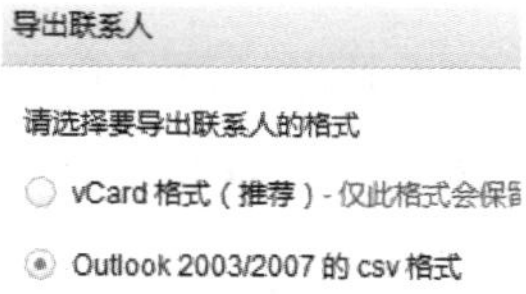

图79：选择文件格式

然后用Excel 打开csv文件，按照格式添加名单就行了，如图80所示。

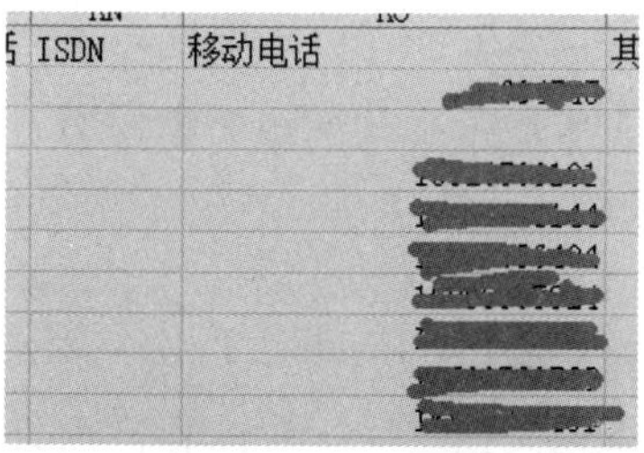

图80：添加名单

第四步：编辑完了之后保存，然后再选择导入就行了。最后就是打开微信，一般开通了微信并绑定了手机号的客户，都会在"新朋友"那里收到提示，后续的操作就是跟客户打招呼，把客户加为微信好友了。一般用手机操作频繁打招呼被封号的几率是远远低于使用非法软件的，所以大家也不必太担心。

5.7 巧妙借助网络热点推广公众账号

第二招主要是借助网络热点来推广微信公众账号，该思路的操作肯定是需要时间的，而且引来的订阅用户精不精准取决于你做什么内容，借用什么网盘。

第一步：登录新浪微博的微盘查看最近网络比较热门的分享，挑好适合自己的分享文件之后，再下载这份文件。例如，我是做旅游公众账号的，那就下载下面这份热门文件，如图81所示。

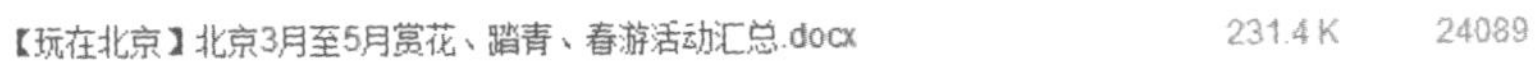

【玩在北京】北京3月至5月赏花、踏青、春游活动汇总.docx	231.4 K	24089

图81：下载文件

从上图可以看出，该文档的下载量相当不错。如果是做旅游公众账号，可以将自己整理出来的内容做成电子书或者pdf形式的文件，根据季节或者以网络热点的形式上传到新浪微盘、百度文库这些平台。该思路的关键就是抓住热点关键词，因为网友可以通过网盘搜索找到你分享的文件。

第二步：上一步找到热点之后，接着就开始准备内容。内容不要一次性全部发布出去，可以先发布一部分，有价值的精华部分留着别发，然后留下自己的公众账号，二维码也可以留下，不排除有网友会拿起手机扫描。最后就是网友通过关注你的公众账号来获取你的精华内容了。

第三步：这一步是补充说明，有些朋友可能不会做pdf电子书。其实方法十分简单。例如使用WPS软件，新建一个Word文档之后，将内容输入，再另存为pdf文件即可，如图82所示。

图82：用WPS软件生成pdf文件

5.8 小号滚雪球式推广公众账号

本招数主要利用小号滚雪球及互相推荐，以此来推广公众账号。首先，使用本招数需要注意两个问题，第一个问题是用小号加完好友之后推送公众账号信息，被好友删除掉自己的可能性是很大的，因为这对好友来说是一种骚扰。第二个问题是小号推荐小号来滚雪球加好友，如果直接推荐名片，也会造成一种骚扰，导致好友删除掉自己。况且没有足够的信任作为前提，你推荐的小号名片人家也不一定会添加为自己的好友。以上两个问题总的来讲就是要避免对好友造成骚扰，应该在经过互动建立了信任基础之后，再把本招数的思路应用上去。

第一步：用小号推荐公众账号。按照之前的做法，就是用自己的小号加了一大批好友之后，再向好友推荐自己的公众账号名片。今天所讲的思路与此有些不同，主要就是借助他人的力量，帮忙推荐自己的公众账号。

在开始操作之前，小号需要加上一批好友，而且数量不能太少。然后创建一个微信群，把经常聊天的好友加进去，也可以让你的小号里面的好友来创建微信群，尽量把微信群的数量提上去。接着不是在微信群里面发公众账号名片，而是先与大家聊开了。等关系稳固下来，再跟群友私聊，让他们帮你把公众账号的名片推荐给他们的好友。同理，除了微信群，关系比较铁的好友，也可以让他帮忙推荐。通过这样一种方式，利用好友的人脉圈子来推广，可以减小自己被删除好友或者被踢出微信群的风险。

第二步：小号除了让自己的好友推荐自己的公众账号名片之外，还可以让好友向他们的好友推荐自己的小号名片，借助好友的力量渗入他们的人脉圈子，这样一来你的好友圈子就会不断扩大，那么后续操作第一步就更能产生效果了。当然，你还可以创建一批小号，先把其中一个小号养起来，也就是说先把其中一个小号加上一批好友，再向好友推荐自己的另一个小号，从而把整批的小号好友数量都带起来。玩法是可以整合多变的，滚雪球的形式带来的效益肯定比你一个小号孤军作战要强很多。一批小号养起来之后，还可以利用朋友圈进行营销。不过不建议大家在朋友圈刷广告，而应采用更温柔的方式来推广。

5.9 无须登录微信客户端推广公众账号

本招给大家分享一个小技巧，方便大家用小号添加微信好友的同时，也能把小号的微信名片发布到其他网络平台进行推广。按照之前分享的招数，微信小号加了一定数量的QQ好友之后，接着就得登录微信，然后点击“添加朋友”，选择从QQ好友列表中进行添加。其实，登录微信再添加好友这一步是可以跳过的，直接登录QQ就能把QQ好友添加成微信好友，省去了登录微信以及不断点添加好友、发送验证信息的时间。

第一步：首先将鼠标移动到一个QQ好友的头像上，查看其个人资料框有没有一个微信的小图标。如果有，我们就点开这个图标，如果没有就证明该好友还未开通微信，可以直接跳过，如图83所示。

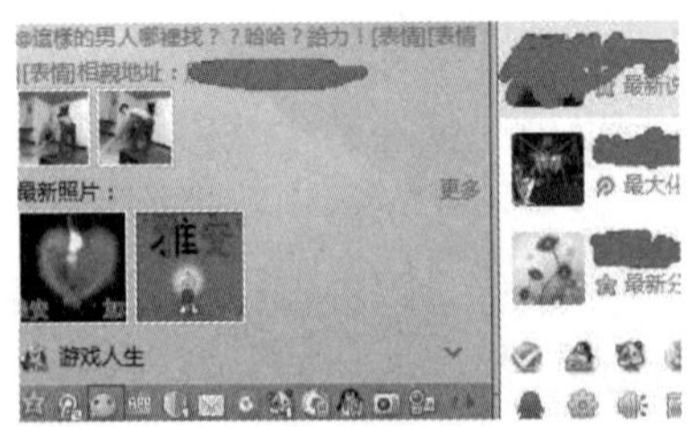

图83：QQ头像上的微信小图标

第二步：假如已经把这个QQ好友添加为微信好友了，那么点开微信图标之后，会提示："XXX已经是微信好友啦，你可以通过微信直接与TA聊天"。如果还没有添加这个QQ好友为微信好友，那么就会出现一个"加为微信好友"的按钮。直接点击该按钮就可以向对方发送添加微信好友的申请，等对方通过了之后就算添加成功了，如图84所示。

图84：申请添加微信好友

第三步：上面的方式是不用登录微信手机客户端，直接用电脑上的QQ就能完成操作的。那么，微信的个人名片地址相应的也就找到了。你把名片地址复制了之后，就可以发到QQ群，或者其他平台，让别人来加你小号的微信好友。这样也能够增加你微信小号的好友数量，为以后推广公众账号做准备。比如笔者点开了自己的QQ个人资料框，再点那个已经点亮了的微信小图标，就会弹出一个新的网页，网页地址就算是笔者的微信个人名片了。而且这个微信个人名片不像手机客户端里面的，只能在手机微信里面分享。针对这个网页地址，只要别人正在上着QQ，一点开QQ资料中的微信小图标就会跳到笔者的个人名片，别人只需要点击"加为微信好友"按钮就可以向笔者发送认证信息了，如图85所示。

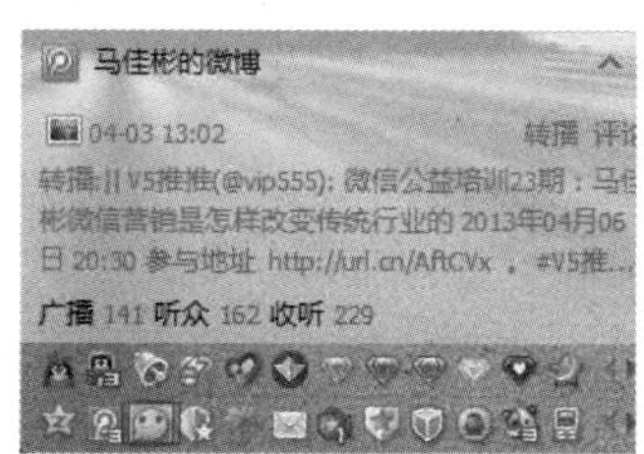

图85：QQ资料中的微信小图标

网页版的微信个人名片如图86所示。

图86：网页版的微信个人名片

红色方框内的网址是可以发送到QQ群，或者网站、论坛之类的平台的。只要打开这个链接的网友是挂着QQ的，而且是已经注册了微信的，那么他就可以直接点击那个“加为微信好友”的按钮了。

第 6 章 微信策划篇

6.1 微信活动策划的七个关键点

好的活动能够取得预期的效果源自于好的策划，微信活动的策划因为平台的不同还算得上是个新鲜事物。笔者早前策划过一个“1块钱卖一段微信语音”的活动，总结下来可谓是问题多多。点子不算新鲜，唯一有点钓人家胃口的，可能就是笔者故弄玄虚的那一段语音。当然，最后的互动效果是有的，只是没有达到笔者个人预期的效果。毕竟只卖1块钱，加上支付宝付款页面在微信客户端上的操作又不是很方便，有些订阅用户就懒得操作了。以下的七个关键点也是注意事项，让大家在实操的过程中有个借鉴。

第一：策划的点子，也就是主题，要符合订阅用户的口味。这句不是废话，因为笔者的公众账号内容定位是在营销方面，但又偏向于微信。因而，一开始就拿微信的功能做文章，叫卖一段大家平时看起来很平常的语音。其次，在产品的描述方面，蒙上一层纱，把一段语音包装成内有巨大秘密的商品。再者，你还可以往主题里加点料。点子香臭不重要，重要的是“旧瓶换新酒”，你还能卖得出特色。

第二：策划前的准备工作，一是素材，二是回复，三是环节，四是接口。素材包括文字、图文、语音，暂不提倡用视频。笔者卖的是语音，但是语音描述得有点过，而且经过压缩裁剪之后，有点杂音或者声音小，长度也达不到60秒最长限制的要求。活动中需要用到语音素材的，则必须得在环境较静、打好草稿、使用电脑录音软件的情况下进行录制。不建议直接使用微信进行录制，因为微信会对语音文件进行压缩，而且出来的效果比手机QQ的还差。内容要描述清楚活动相关的时间、地点以及领奖方式。笔者就是在毫无准备的情况下进行了一次“裸奔”测试，结果一大堆问题就暴露出来了。

同样的，图片大小、在不同尺寸屏幕的阅读体验，都需要事先经过测试，确定没有问题后，再推送出去。回复包括了关键词自动回复，用于引导订阅用户进入下一个环节。之前微信上流行一种文字游戏，通过回复关键词就可以杀怪、过关、升级。自动回复也属于内容素材的一种，建议事先用Word把文档写好。

活动环节的设置不宜太多、太深，以免订阅用户因缺乏耐心而玩不下去。环节的设置也必须有趣，要让用户迫不及待想知道下一个答案是什么。接口方面笔者使用的是数字抽奖，目前比较流行的大转盘接口效果就不错。

第三：活动内容推送的时间得选择订阅用户的闲暇时间。比如，早前你每次给订阅用户推送内容的时候，哪个时间段客户接收到的消息量最大，那么选择在此时间段就很好，保证活动能够得到更大的曝光度。

第四：活动开始的一条内容推送出去之后，实时消息就得打开，方便随时回复订阅用户反馈过来的信息，特别是对活动存在的疑问。另外可以将问题复制好放进Word文档，回答完毕之后再把答案也复制进来，做成一个临时的客服手册，方便回答接下来出现的类似或相关的问题。如果是电商卖家做微信活动，有关产品的介绍文字要进行精简，不能将一大段文字复制到客服手册里面。另外，产品的图片也需要压缩处理了之后，提前放到客服手册里面做准备，或者是从之前已经准备好的图文素材中拿过来用。

第五：活动中需要用到支付接口的，建议不要直接像笔者那样调用支付宝收款主页。而是可以把产品放到淘宝店里面，再把自己的宝贝链接放进

去。目前，微信对于淘宝的支持还是有点不到位，特别是登录。不过，把手机版的淘宝页面接入之后，体验相对来讲会好一些。笔者还是建议自建手机网站进行接入，老掉牙的WAP网站就算了，现在是HTML 5时代，模版自适应才是王道。淘宝宝贝页面的图片如果又大又多，加载速度和流量消耗就成问题。此外，你还可以关注支付宝的微信公众账号，直接在线生成3G手机版的收款页面，再放到图文消息的原文链接里面。

第六：活动有奖品的，别送什么iPad Mini、海南三亚双飞三天两夜游等这类微博上都送烂了的东西。来点有噱头的、有新意的，自家的产品也行。如果平时不做活动通过微信来卖，订阅用户询单次数就不理想的，那还是先别送了。产品有问题，活动就先别做了，要做的就是找原因。笔者建议可以跟其他公众账号进行合作，等价互换各自的产品，或者互补的产品打包一起做活动，双方公众账号一起推，前提是合作了之后互相影响不大，同质化的产品有竞争也不妨尝试合作。但订阅用户数量需在同一个等级，目标客户群体需有交集或相同。条件这么多，其实就是所谓的产业集群，合作共赢大家就都活得很滋润。

第七：活动效果统计，接入了手机网页的商家，可以在页面加第三方统计代码，如“GA”或“CNZZ”。没有接入的，可以用国际版公众平台查看数据，以供参考。目前，分享到“朋友圈”里面的次数还统计不了，而且，一个链接分享的次数最大限制为100次。但在微群上可以大力推，限制取决于你有多少微群。利用个人号在“朋友圈”推广活动的时候，选择时间段可以是半夜，这样第二天消息一般都能排在前列。

6.2 微信活动常见的类型

微信活动的类型并不是固定不变的，充分了解公众平台现有的功能并利用接口自定义开发其他功能，就能够策划出更多更具创意的活动。下面列举三种比较常见的活动类型。

第一种：二维码现场签到活动。主要是通过人工指引或者是X展架指引到场用户扫描二维码，成为公众账号的订阅用户之后便可以获得相应的奖励。现场签到处必须对公众平台进行实时监控，包括核对到场用户是否已经成为公众账号的订阅用户。当然，到场用户通过扫描二维码关注了活动公众账号之后，活动公众账号可以自动回复一条领取奖励的指引消息。例如，到场用户关注了活动公众账号之后，活动公众账号通过接口的开发，自动回复一个大转盘的抽奖消息，用户点击即可参与抽奖游戏。优惠券或者二维码门票的形式也可以整合进去。

第二种：有奖投稿或评选活动。主要是鼓励用户向活动公众账号投上自己的作品或者参与类似达人评选的活动。投稿的作品一般以文字、语音、图片为主，例如某个跟育婴有关的公众账号举办了一个晒宝宝照片拿大奖的活动，鼓励妈妈们上传自己宝宝的照片，然后再由公众账号的运营者整理出来放到独立的评选页面上，推送给所有订阅该公众账号的妈妈们进行评选，最终选出最可爱的宝宝获得相应的奖励。由此可以看出，方式是可以糅合的，关键就看你怎么找到切合点。

第三种：订阅用户转发有奖活动。主要是鼓励订阅用户在关注了公众账号之后，转发某条指定的消息到自己的"朋友圈"，或者是分享到微群。目前微信的"朋友圈"已经限制了图文链接的分享次数为100次，也就是说活动公众账号的活动推广图文，如果需要订阅用户分享到"朋友圈"的话，最多只能被分享100次。不过，分享到微群的方式可以弥补"朋友圈"受限制的不足。订阅用户分享了之后需要截图发给活动公众账号才算完成任务，才能获取相应的奖励。此种活动如果执行得当，短期内能够大幅度提高公众账号的订阅用户数量，但如何解决订阅用户用手机截图的问题也是必须要考虑到的。当然，防止订阅用户作弊也是要重点考虑的问题之一。

6.3 微信活动策划必须接地气

微信活动策划能否接地气取决于策划者对微信的了解，以及对目标订阅用户的了解。笔者就曾经见过一些广告公司做出来的活动足以堪称失败案例之典范。广告公司因为自身行业的特点，拿到了市场调研出来的数据，剩下的要么是做些没有创意的策划，要么是做些只追求创意的策划。“天马行空”和太过于感性的策划就好比广告人做“飞机稿”，奔着大奖去还好，问题是如今的广告公司不得不去取悦广告主，因而做出来的活动可能绝大部分都不是自己希望看到的。

举个例子，广州有两家大型的美容医院，它们的活动海报就设计得非常不接地气。微信公众账号的二维码放置在海报底部的右下角，不仔细看还真看不出来那是一个公众账号的二维码；此外，二维码旁边的文案也有点让人摸不着头脑。“拍一拍，拿优惠”几个字草草了事，就连一个普通的微信用户都知道，微信手机客户端有“扫一扫”的功能，那么请问“拍一拍”是啥意思呢？如果一个刚接触微信的用户或者是从未使用过微信“扫一扫”功能的用户，又怎么会知道这是个微信公众账号的二维码，更不用说去扫描并添加关注了。

上面的例子只是在活动推广环节上犯了错误，一个成功的微信活动还包括预期效果、主题设置、环节设置、内容策划、奖项设置、效果评估等细节问题。考核一个微信活动的策划人是否合格，除了考查其是否具备线下活动策划的相关经验之外，更重要的是对微信有没有了解，对线上的网络活动策划熟不熟悉。微信作为未来移动互联网的一大出入口，免不了需要结合线上与线下，因而对于活动策划人的要求也会提高。

在这里还得补充一个线下活动的执行注意事项，不少正在操作微信的企业或商家也存在这样的问题。以品牌餐饮连锁店为例，店面的入口或店里的桌子都可以贴上微信公众账号的推广海报。据笔者观察，很多到店里消费的客户可能会注意到海报，但大多不会拿起手机来扫描一下二维码添加关注。而且，店里的服务人员也不会主动地去给客户介绍，指导客户操作。从这里就可以看出，企业或商家必须得制定相关的制度去要求服务员参与到活动中来，或者是将其纳入员工的绩效考核中。全员助力微信活动，人人参与地面推广，效果才能达到预期。

第 7 章 微信技术篇

7.1 零基础学会架设各种接口应用

目前网络上流行的架设微信接口应用用到的服务器以新浪SAE[15]和百度BAE[16]居多，这里演示采用的是普通的虚拟主机空间，方便描述的同时也方便大家去实际操作。虚拟主机空间的价格已经不是那么昂贵，适用于并发需求较小的微信应用。如果有更高的需求，大可以考虑购买VPS或独立服务器。需要用到虚拟主机或者服务器的一般是自己开发接口，然后把接口文件以及数据放到服务器上。这里介绍的是使用第三方平台的免费接口服务，可以减少成本支出快捷地实现公众账号的各种功能。当然有好处自然也会有坏处，使用第三方平台不可避免地会遇到数据安全问题、服务稳定问题。

上面的章节已经提到了如何在公众平台配置开发模式，在此就略过这一

15 新浪SAE（Sina App Engine，新浪云计算平台。）

16 百度BAE（Baidu App Engine，百度网络应用开发平台。）

步。下面以“微库”的接口为例，讲解如何零基础学会架设各种接口应用。市面上像“微库”这样的第三方平台还有很多，很多基础的接口应用都是免费的，当然定制开发的除外。笔者经过一段时间的使用，总体感觉“微库”的免费服务还算不错。

首先，我们需要在“微库”的网站 http://wecool.socialmedia.cn 注册一个用户账号，注册环节就不多说了，比较简单。无邀请码注册需要审核通过才能正常使用。注册成功了之后登录，点击右上角自己账号昵称旁边的普通用户链接，然后再点击左侧的“接口配置”，复制接口的URL和Token信息，再回到微信官方的公众平台的开发模式配置好就行了，如图87所示。

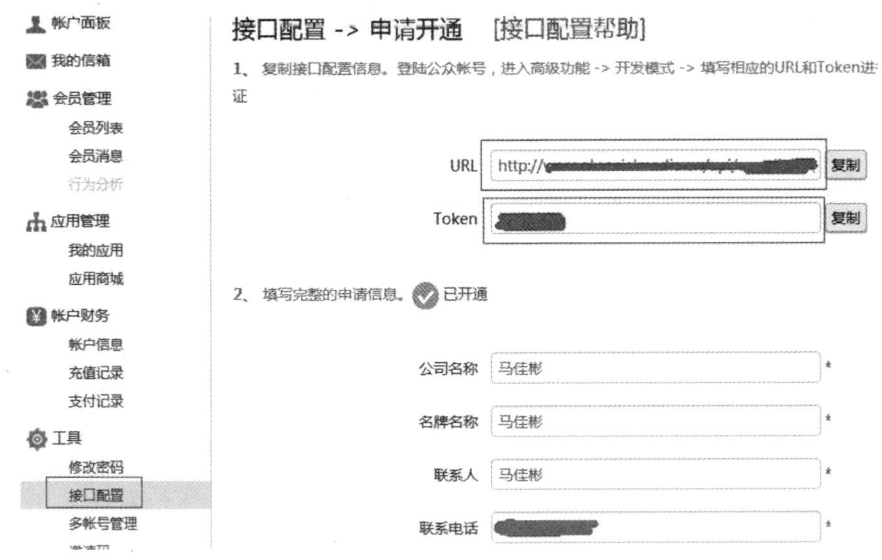

图87：申请开通接口配置

接口验证成功以及申请信息通过审核之后，“微库”上的免费接口功能就可以正常使用了。菜单栏上有“产品”、“互动”、“LBS”、“活动”、“音乐和视频”选项，其中“产品”选项可以配置一个产品的手机版网站，“互动”的功能跟微信官方公众平台的自定义回复是一样的。“LBS”功能适合线下连锁商家使用，而“活动”选项里面则包括了知识问答、随机抽奖。“音乐和视频”选项就不多介绍了，本质上跟关键词回复功能是类似的。订阅用户只需要按照关键词进行回复就可以获取音乐和视频，直接在微信上就能够听音乐和看视频了。

接下来你只需要在"微库"上进行配置就可以让自己的公众账号实现多种功能，除此之外还可以获取更为详细的报表数据，以便改善公众账号的运营。首页的总量报表包括30天内的用户增长量和取消关注的数量，以及30天内的总互动数量。将鼠标移动到各条数据线上就可以看到具体的数据，如图88所示。互动的数据报表还有一个比较主观的柱状图，点击菜单栏上的"互动"选项切换到互动报表即可看到，如图89所示。

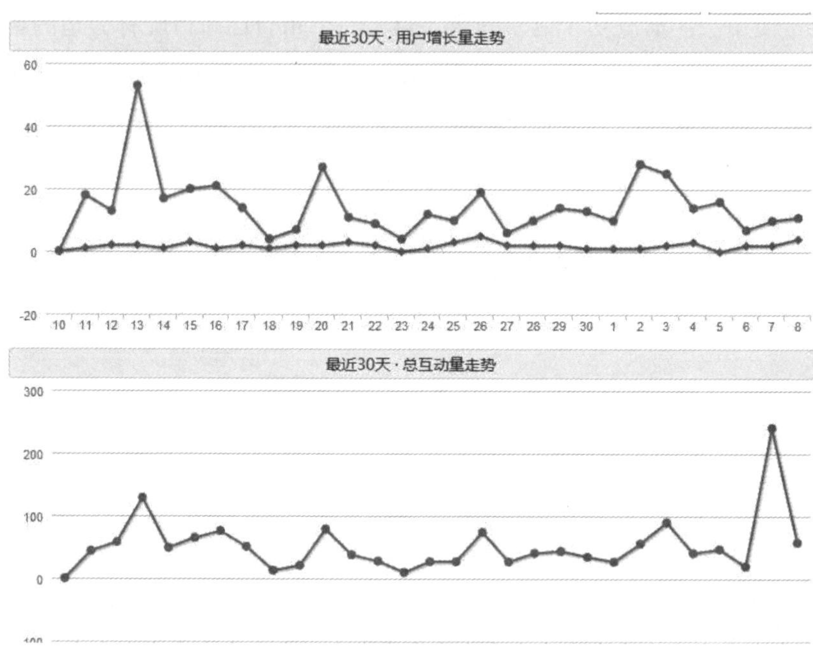

图88：公众账号最近30天的各项数据

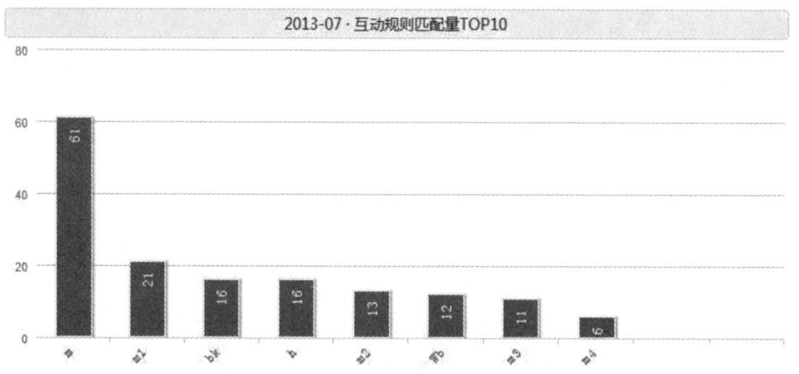

图89：互动数据柱状图

“微库”的操作相对来讲还是比较直观简练的，读者朋友们可以自己去实际操作一遍，上手也不是什么难事，关键还是那一句话：不是所有的功能都是你需要的，用好每一个功能才是最重要的。

7.2 编写自己的第一个微信公众平台接口应用

微信公众平台提供开发者文档，还有示例代码，因此我们先开启开发者模式（先关闭编辑模式才能开启开发者模式），然后到开发文档页面最底部下载官方提供的示例代码，直接修改示例代码有利于我们快速开发微信后台接口，代码如下：

```
<?php
/**
  * wechat php test
  */

//define your token
define( “TOKEN” , “weixin” );//定义token的值，这里值是“weixin”
$wechatObj = new wechatCallbackapiTest();//实例化类
$wechatObj->valid();

class wechatCallbackapiTest
{
        public function valid()//类的入口方法
    {
          $echoStr = $_GET[ “echostr” ];//获取GET数值echostr

          //valid signature , option
          if($this->checkSignature()){//检查请求是否来自微信官方
                 echo $echoStr;//确认请求
                          //========================
                          //下面这行代码是后来添加的
                          $this->responseMsg();//调用responseMsg函数返回
对应请求的数据
                          //========================
```

```
            exit;
        }
    }

    public function responseMsg()//返回对应请求的数据
    {
            //get post data, May be due to the different environments
            $postStr = $GLOBALS[“HTTP_RAW_POST_DATA”];//获取POST
原始数据



        //extract post data (提取POST数据)
            if (!empty($postStr)){

                    $postObj = simplexml_load_string($postStr,
'SimpleXMLElement', LIBXML_NOCDATA);
                  $fromUsername = $postObj->FromUserName;//发送消息
的用户名，也就是关注你，并且给你发送消息的用户名字。注：这里说的用户名指的是微
信openid，公众平台的也是一样。
                $toUsername = $postObj->ToUserName;//公众账号的用户名
                $keyword = trim($postObj->Content);//关键词
                $time = time();//时间
                $textTpl = "<xml>
                        <ToUserName><![CDATA[%s]]></ToUserName>
                        <FromUserName><![CDATA[%s]]></FromUserName>
                        <CreateTime>%s</CreateTime>
                        <MsgType><![CDATA[%s]]></MsgType>
                        <Content><![CDATA[%s]]></Content>
                        <FuncFlag>0</FuncFlag>
                        </xml>”;            //返回数据的XML格式



                        if($postObj->MsgType==”event”)//判断是
否为事件
                        {
                              $keyword=trim($postObj->Event);
                        }else{
                              $keyword=trim($postObj->Content);
```

```
                    }

                    if(!empty( $keyword ))//判断关键词是否为空
            {

                            if($keyword=='subscribe')
                            {
                                $msgType = “text”;//定义返回
信息的类型
                                $contentStr = “欢迎关注”;//返回
给用户的文本内容
                                $resultStr = sprintf($textTpl,
$fromUsername, $toUsername, $time, $msgType, $contentStr);//往XML
里面填入对应的信息
                                echo $resultStr;//打印信息
                            }

                            //更多其他回复

            }else{
                echo "Input something...";
                            //这里是关键词非空的时候要输出的内容。
                            //注意，此处并没有按照官方返回文本要
求的XML格式输出，所以实际上不会发送到用户的手机上。
            }

        }else {
            echo "";
            exit;
        }
    }

    private function checkSignature()//检查请求是否来自微信官方
    {

        $signature = $_GET[“signature”];//获取signature的值
        $timestamp = $_GET[“timestamp”];//获取timestamp的值
        $nonce = $_GET[“nonce”];        //获取nonce的值
            $token = TOKEN;//赋值TOKEN
            $tmpArr = array($token, $timestamp, $nonce);//把三个
```

```
值放到数据里面
                sort($tmpArr);//把三个值进行字典排序
                $tmpStr = implode( $tmpArr );//把数组里面的三个值组合成
一个字符串
                $tmpStr = sha1( $tmpStr );//进行sha1加密

                if( $tmpStr == $signature ){//如果计算出来的值跟
signature的值相等，那么确认消息是来自微信官方
                        return true;
                }else{
                        return false;
                }
        }
}

?>
```

以上是官方代码，笔者稍微做了修改并且添加了比较详细的注释，一般有点PHP基础的读者朋友们都能看懂。当用户发送消息到你的公众账号的时候，微信服务器会通过你指定的链接把数据转发到你的服务器上面，通过以上的代码校验消息是否由微信服务器发送。确定数据的来源之后，再针对用户消息中的关键词进行回复，服务器把回复的内容按照官方提供的XML[17]格式打印到页面，用户就会收到你的回复。举个例子：用户发送“翻译 我爱你”，微信服务器会把内容转发到你的服务器，当服务器判断消息来源确实是微信服务器，那么下一步就进行用户消息处理，用户发送的内容里面有“翻译”，那么就知道用户是需要翻译操作，服务器把“我爱你”翻译成“I love you”然后打印到页面，用户就会收到翻译后的结果“I love you”。聪明的你也许马上就想到了如何去做天气查询、快递查询。

1. TOKEN的作用

代码define(“TOKEN”，“weixin”); 中的TOKEN相当于一个约定的口令，只有口令正确了才能进行后面的操作，这里的口令只是多了加密操作。

17 XML（可扩展标记语言 ，用于标记电子文件使其具有结构性的标记语言，可以用来标记数据、定义数据类型，是一种允许用户对自己的标记语言进行定义的源语言。）

2. 实现自动回复功能

```
public function valid()//类的入口方法
    {
        $echoStr = $_GET[ "echostr" ];//获取GET数值echostr

        //valid signature , option
        if($this->checkSignature()){//检查请求是否来自微信官方
             echo $echoStr;//告知请求被确认成功
                    //======================
                    //下面这行代码是后来添加的
                    $this->responseMsg();//调用responseMsg函数返回
对应请求的数据
                    //======================
             exit;
        }
```

代码$this->responseMsg();在官方提供的实例文档里面是没有的，但是要实现内容的回复，就得添加在此处。这句代码的作用是在告知用户请求被确认成功之后把要回复的内容输出到页面，接着用户就会收到你的消息了。

3. 被添加关注时的自动回复功能

```
if($postObj->MsgType==" event")//判断是否为事件
                              {
                                    $keyword=trim($postObj->Event);
                              }else{
                                    $keyword=trim($postObj->Content);
                              }
                                    if($keyword==' subscribe' )
                                    {
                                       $msgType =  "text";//定义返回
信息的类型
                                       $contentStr = "欢迎关注";//返回
给用户的文本内容
                                       $resultStr=sprintf($textTpl,
$fromUsername, $toUsername, $time, $msgType, $contentStr);//往XML
里面填入对应的信息
                                       echo $resultStr;//打印信息
```

在2013年3月26日之前，用户关注公众账号之后，微信服务器会发送一条关键词为“Hello2BizUser”的消息到公众账号作为用户关注的标志，但是在26日之后，官方把接口更改了，通知的原文是“新用户订阅，将由之前推送一条‘Hello2BizUser’文本，变化为推送一条‘subscribe’的事件。”其实也很简单，在判断关键词内容之前，判断一下消息类型，进行相应消息类型的赋值，再判断关键词是否为“subscribe”，具体参考上面的代码语句。

4. 如何检查消息是否来自官方

公众平台用户提交信息后，微信服务器将发送GET请求到填写的URL上，并且带上如下所示四个参数。

参　　数	描　　述
signature	微信加密签名
timestamp	时间戳
nonce	随机数
echostr	随机字符串

开发者通过检验signature对请求进行校验（下面有校验方式）。若确认此次GET请求来自微信服务器，将原样返回echostr参数内容，接入生效，否则接入失败。signature结合了开发者填写的TOKEN参数和请求中的timestamp参数、nonce参数。

加密/校验流程：

1. 将TOKEN、timestamp、nonce三个参数进行字典序排序。
2. 将三个参数字符串拼接成一个字符串进行sha1加密。
3. 开发者获得加密后的字符串可与signature对比，明确该请求来源于微信。

5. 上传并配置接口信息

把上面的源代码整个复制到名字为“weixin.php”的PHP文件里面，并上传到你的服务器。URL填写为服务器链接后面加“/weixin.php”，如：http://www.majiabin.com/weixin.php 。TOKEN值填写为“weixin”，也就是“weixin.php”

文件define(“TOKEN” , “weixin”);里面TOKEN的值，这个值可以随意更改，但是这两个地方必须保持一样。

此时一旦有人关注公众平台，就会自动收到信息“欢迎关注”。

6. 引入translate.php 文件实现翻译功能

上文的例子提到过公众平台引入翻译功能，这一小节笔者会手把手教大家把这个翻译功能做出来。这里笔者选择百度翻译提供的API[18]，大家可能会好奇，为什么选择百度翻译，而不用谷歌翻译或者是其他翻译产品的接口。百度翻译有几个优势是其他翻译产品不同时具有的：第一，百度开发者的申请相对更容易；第二，翻译结果比较符合中国的本土文化特色；第三，开发文档相对更详细、容易看懂；第四，百度翻译相对更准确。

了解这些之后，接下来该如何操作呢？首先必须有一个已经申请成为开发者的百度账号，在开发者中心登录之后点击右上方的“快速创建应用”按钮，选择“合作网站”，填写“网站名称”为“百度翻译”，域名填写为你自己服务器的域名，在点击确定之前，必须把验证文件下载并且上传到你服务器的根目录，否则不能通过。

（1）点击“快速创建应用”按钮，如图90所示。

图90：点击“快速创建应用”按钮

18 API（Application Programming Interface，应用程序编程接口。）

（2）选择“合作网站”，填写服务器域名，下载验证文件并上传到你服务器的根目录，具体操作内容如图91所示。

图91：具体操作内容

（3）基本信息如图92所示。

图92：基本信息

源代码如下：

```
<?php
////////////////////////////////////////////////////////////
// from字段 to字段
//
// 翻译方向
// auto                auto      自动识别
// zh           en       中 -> 英
```

```
// zh          jp      中 -> 日
// en         zh       英 -> 中
// jp         zh       日 -> 中
/////////////////////////////////////////////////////

//API KEY:      Hhr6uLerHn86nwYtclHhrepW
//Secret Key:  OWs4hBCacPjrQuy85s488MGbf1r3ZwDj
class BaiDuTranslate
{

      public function translate($q,$from="auto",$to="auto")
      {
            $url="http://openapi.baidu.com/public/2.0/bmt/
translate";//百度API的链接
            $apiKey="Hhr6uLerHn86nwYtclHhrepW";//创建的应用的apiKey
            $secretKey="OWs4hBCacPjrQuy85s488MGbf1r3ZwDj";//创建
的应用的apiKey
            $q_code=urlencode($q);//进行encode
            $tmpStr=$url.' ?client_id='.$apiKey.'&q='.$q_code.
'&from='.$from.'&to='.$to;
            $tmpArr=json_decode($this->language_text($tmpStr));
//json格式转换成数组
            $tmpArr=$tmpArr->trans_result;//提取数据
            return $tmpArr[0]->dst;//返回结果



      }
      public function language_text($url)//获取目标URL所打印的内容
      {

                  $ch=curl_init();//初始化
                  $timeout=5;//超时时间
                  curl_setopt($ch,CURLOPT_URL,$url);//设置要获取
数据的URL
                  curl_setopt($ch,CURLOPT_RETURNTRANSFER,1);//设置
成功只返回结果，不自动输出任何内容
                  curl_setopt ($ch, CURLOPT_CONNECTTIMEOUT, $timeout);
//设置超时时间
                  $file_contents=curl_exec($ch);//获取内容
```

```
                    if (curl_errno($ch)) {
                    echo '<pre><b>错误:</b><br />'.curl_error($ch);
                    }
                    curl_close($ch);//关闭

                return $file_contents;//返回结果
        }
}
?>
```

把上面代码保存在"translate.php"文件里面，文本编码必须是"UTF-8"，并将其与"weixin.php"文件放在同一个目录。另外在"weixin.php"文件里添加了实现翻译的重要代码。以下代码展示如何引入"translate.php"文件并实现翻译功能。

```
if($keyword=='subscribe')
                {
                $msgType = "text";//定义返回信息的类型
                $contentStr = "欢迎关注";//返回给用户的文本内容
                $resultStr = sprintf($textTpl, $fromUsername, $toUsername,
$time, $msgType, $contentStr);//往XML里面填入对应的信息
                echo $resultStr;//打印信息
                }

                //更多其他回复。。。

                if(strpos($keyword,"翻译")!=false)
                {
        include("./translate.php");//引入translate.php文件
                $tmpStr=str_replace("翻译","",$keyword);//去掉字符串
"翻译"
                $mytran=new BaiDuTranslate();//百度翻译类
                $msgType="text";
                $resultStr=$mytran->translate($tmpStr);//返回结果
                $resultStr = sprintf($textTpl, $fromUsername,
$toUsername, $time, $msgType, $resultStr);//往XML里面填入对应的信息
                echo $resultStr;//打印信息
                }
```

7. 调用百度翻译代码实现翻译功能

```
    if($keyword=='subscribe')
            {
                    $msgType = "text";//定义返回信息的类型
                    $contentStr = "欢迎关注";//返回给用户的文本内容
                    $resultStr = sprintf($textTpl, $fromUsername,
$toUsername, $time, $msgType, $contentStr);//往XML里面填入对应的信息
                    echo $resultStr;//打印信息
            }

            //更多其他回复。。。

            if(strpos($keyword,"翻译")!=false)
            {
                    include("./translate.php");//引入translate.php文件
                    $tmpStr=str_replace("翻译","",$keyword);//去掉字
符串"翻译"
                    $mytran=new BaiDuTranslate();//百度翻译类
                    $msgType="text";
                    $resultStr=$mytran->translate($tmpStr);//返回结果
                    $resultStr = sprintf($textTpl, $fromUsername,
$toUsername, $time, $msgType, $resultStr);//往XML里面填入对应的信息
                    echo $resultStr;//打印信息
            }
```

API Key 和Secret Key在应用基本信息里面，在“管理中心”找到你创建的应用，点击“管理”就可以看到了。每个人创建的应用，那两个值都不一样，所以你的API Key 和Secret Key与笔者的不一样，把代码中两个值都替换成你自己的就行了。

把两个文件修改好之后上传到服务器，发送“测试翻译”，公众平台返回“Test”；发送“i love you翻译”，公众平台返回“我爱你”。若收到类似的回复，证明你的翻译应用成功了。

目前百度翻译仅支持四种翻译类型：中译英、英译中、中译日和日译中。将源语言和目标语言均设置为“auto”，百度翻译服务会自动判断源语言的语种，并根据源语言的语种按照如下规则设置目标语言的语种。

1. 源语言被识别为中文，则翻译方向为"中 -> 英"；
2. 源语言被识别为英文，则翻译方向为"英 -> 中"；
3. 源语言被识别为日文，则翻译方向为"日 -> 中"。

第8章 微信行业篇

8.1 化妆品行业如何做微信

化妆品行业一直以来基本都是老外的天下，国内牌子大多为中低端产品。诞生于20世纪30年代的“冷蝶霜”雪花膏已经成为了我们这一代人儿时的记忆，老牌国货也早就物是人非，收购的收购，倒闭的倒闭，何况现在的90后和00后更喜欢洋牌子。不上不下，品牌难打造，以次充好，夸大宣传，所谓国外进口化妆品，地球上的明白人都知道是怎么一回事。行业背景就不再废话了，有了微信，在产品与消费者之间的距离更近一步的情况下，卖货真的不如卖服务。此外，微信不是一个能让你快速产生销售的渠道，它只不过是提供了一个沉淀忠实粉丝的平台，后半部分的服务才是营销的关键。笔者近段时间也发现一个很有趣的现象，很多传统企业（居然也有电商）在开展微信营销的时候，嘴巴上说站在消费者的角度思考问题，实际上却老是想着自己的利益。举个例子，某电商企业为了统计消费者的购买路径，不惜增加购物流程损害消费者的购物体验。也有部分企业还在天马行空地想象微信的应用开发，幻想着借助这款传说中的营销利器打造一个梦幻般的销售渠道。经济不景气，制造业也不景气，老板们猴急的心情可以理解，但千万不要把微信当作一根百分百能救活自己的稻草。

一扯下去可能就没完了，咱们还是看看现在的化妆品行业如何正确地利用微信吧。首先，品牌的意识必须得有。新媒体相对于传统媒体而言，在打造品牌的成本和速度方面占据了优势。比如微信的主流用户集中在80后和90后，因此公众账号上的内容策划需要符合这两个年代人群的口味。80后从众，90后比较自我，共同点是喜欢新鲜事物，爱分享，爱变化，爱幻想。不同行业之间都存在着可供借鉴的地方，内容和互动方面必须像杜蕾斯团队学习：除了深谙屌丝群体的心理之外，杜蕾斯一直在为自己的品牌植入个性。说完了品牌，现实点的还是得把货卖出去。辛辛苦苦配置好了一个公众账号，愣是没多少人关注，推广始终找不到方向，内容也没有多少人愿意分享出去，QQ群里也发了，官方网站也贴上二维码了，互推也找人推了，天猫淘宝店也挂上微信号了（上次封了"淘客"接口之后，阿里开始禁止集市店和天猫店挂微信公众账号的二维码），关注数还是没见增长多少。绕来绕去最终还是回到了原点——请给我一个关注你的理由。你不是品牌，你没有销售的游戏规则，你的内容都是网上东摘西抄的美容资讯，你的活动设置永远都是需要两个步骤以上才能参与（做活动送奖品时该大方的时候就大方点，别老是想着怎么利用消费者把广告打出去，体验也是一种营销，长期积累的口碑总会有传播出去的时候。设置过多规则来满足自己是一种病——心病，"药不能停"，得治疗），你急着卖货天天打广告（纯销售公众账号的路子也不是走不通，关键还得看销售的游戏规则，还有人群定位），你始终不知道目标客户经常在哪些网络平台上出现，你可能也从未了解过消费者对产品的评价（没品牌，玩低价，卖多少坑多少，"化"死人不偿命）。

OK，摆正了理念之后，我们再来想想怎么定位。很多企业一开始就自我定位好了，其公众账号就是要不断强调面膜有多薄、多补水，什么胶原蛋白蜗牛霜含量有多高，多纯天然。换个角度来看，很多化妆品企业一直困惑的不是找不到好的销售渠道，而是因为营销管理出了问题，被竞争对手压得透不过气来，从而转身投靠微信，寻思着能够改变下困境。所以，从一开始定位微信就跑偏了的例子非常多，抛开产品和品牌不讲，微信到底适不适合自已都搞不清楚的大有人在。

说完了定位，接下来的运营才是考验。推广工具和手段用烂不如用精，那些问笔者什么工具好用，哪些平台比较好推广，引粉快速的方式有哪些的人，多半是对化妆品行业还不是很了解（刚入行或者是入行很久却从未接触过网络营销），也可能是对这行爱得不够深。做一行，精一行，互联网上所有跟化妆品有关系的平台，你都需要去了解，去使用。线下的推广你本来就是专家，线上的话就需要想想怎么整合资源，借力打力（跨界合作的方式很不错，特别是没有竞争冲突的，例如跟服装店合作推广）。内容上的创作就不说了，与其整天发些美容技巧、美容资讯，倒不如学学自媒体人码些日志分享分享，当然是跟本行有关的（除了杜蕾斯之外，你还可以学习“春水堂”公众账号的“春叔”是怎么创作内容的，“春叔”就像身边的“好基友”，每天跟你讨论情趣话题，这就是“说人话，拉关系”）。

最后，订阅粉丝量上去了，该卖什么就卖什么吧。有的商家会有这样的问题：为什么我的公众账号每天都在讨论化妆品，但是咨询的人很少，买的人就更少了。如果你的内容表达没有问题（软销，每天发的都是软文，提及品牌和产品，但却很少说价钱和购买方式，这里笔者要提醒一点，产品的好处和坏处都要说出来，当然是隐晦地表达，别怕伤了品牌，诚实是建立信任的前提，老说自己好，鬼都会怀疑），那么请在互动上找原因。运营是苦差事，见效需要时间，耐心、细心、真心均不可少。

8.2 健身行业如何做微信

健身行业属于朝阳行业，但是因为区域问题和观念问题，现在的销售情况还是不容乐观，特别是到了淡季的时候。虽然一向重视会员体制的建立，但是各个健身房之间的差别真的不是很明显。中高端一点的健身房会耗资千万引进美国设备，而低端一点的面向工薪阶层的则不大注重设备问题。每年一般会有一次促销活动，所办的年费会员或者是季度会员其实根本就没有太大区别，所谓的金卡、银卡、钻石卡也只是个噱头。健身房的服务还算是比较个性化的，随着你档期的灵活调整，相对来讲也算是切合了客户的需求。

健身器材如何做微信不在本节的讨论范围之内，其传统的推销方式也基本就是那么些，但是说到健身房就不得不提“技穷”这一词。现在的家庭拥有一两件健身器材很正常，比如买一台“WNQ”的跑步机每天锻炼身体。只是健身房的设备较为齐全，更多的就是个人空余时间问题。健身房传统的推销方式不外乎就是发传单、贴广告、群发短信等，只要是最终促成交易的就算是好方法。不过，重金招来一个知名的健身教练坐阵，也能吸引不少慕名而来的客源。大部分都是采用人海战术，销售人员的流动性也是很大的。此外，健身房所处位置的交通便不便利，有没有停车场所等因素也直接影响到业绩。

健身房无论采用哪种推销方式，最终的效果都比不上老客户转介绍。而健身房传统的会员管理存在较大的缺陷，或者说会员管理只不过是为了搞活动的时候群发下短信广告。客户转介绍往往取决于业务经理的服务、教练的专业程度和教学态度，但这两种人为因素都不是那么好把控的。说白了都是在做服务，但服务确实是很多企业做不好的。未来无论是卖产品还是卖服务，其实都只是在卖服务而已。同质化竞争、价格透明、一店做大一方的情况随处可见，比如广州的“力美健”，最近几个月销售业绩一直很难做上去，拉新早就拉得差不多了，再者联合其他商家搞活动来推销会员服务，久而久之缺少新意也很难吸引眼球。

健身房做微信的好处在于能够摆脱传统会员管理的局限性，直接进入消费者的移动设备端。开设公众账号对接会员管理系统，定时向会员提供健身方面的资讯，甚至为会员量身定制一套资讯服务，根据会员的不同情况，每月推送饮食菜单、健身计划。此外，公众账号接入多客服系统，或者是移动客服小秘书，就可以实现业务经理和健身教练无时无刻不在为会员提供服务的目标。此时的健身教练和业务经理已经升级为会员的私人健身顾问和会员业务顾问，在提升会员体验的同时将客户留存了下来。

在推广方面，健身教练微信自媒体或者业务经理自媒体也是很重要的，每个自媒体都可以展示出自己的个性，但一定要确保公司的立场，目的是提

升健身房的业绩，宗旨是更好地为客户提供服务。健身教练自媒体本身就可以通过传播自己的专业知识，解答客户的疑问吸引到一批粉丝，久而久之就能沉淀下忠诚度很高的客户。不过，健身房应该对健身教练的公众账号自媒体进行统一的管理，内容可以是教练自己提供，但是账号密码、内容审核方面则交由公司专人管理，以防教练辞职后带走一批客户。业务经理的自媒体账号运作方式也差不多，公司需要给他们培训一些客户管理方面的知识，当然五花八门的知识或者技巧也是需要的。业务经理更多是利用个人微信账号扮演一个陪聊的角色，而公众账号方面则可以共用公司统一的平台。

健身房公众账号的第一批订阅用户如何吸引？健身教练自媒体公众账号的第一批订阅用户怎么来？在落地操作的时候，与其搞一些看似在教育消费者注意健身动作要领的活动，倒不如以业务经理的个人微信账号做地面推广，充分利用线下的各种推广资源，最后再通过业务经理的微信服务转移到公众账号上。微信推广对于大部分消费者来说都有一种新鲜感，要持续地维持这种感觉就必须在微信上搞一些创新活动，比如公众账号接入健身小游戏，接入客户自助登记的健身计划表、体重增减表等功能。当然，这都是后话，当前健身房需要做的就是理清思路，再而定位，接着就是落地。

8.3 教育培训行业如何做微信

教育培训行业如何做微信，本质上来讲是为了寻找一条招生渠道。但是微信的圈子局限太大，没法像微博那样广泛快速地把消息传播出去。因此，单纯想用微信来扩大招生，实际操作起来是很困难的。此外，教育细分起来种类也很多，比如高等教育、成人教育、幼儿教育、职业教育等。培训的种类也很多，像什么技能培训、企业培训等。教育培训行业传统的营销方式包括了线上与线下，线上的一般都是网站推广、搜索引擎优化、竞价排名、QQ群等，线下的包括了户外广告、电视广播、报刊杂志等。有钱的烧钱做广告，没钱的满大街派传单“贴牛皮癣”。排除国字号资源扶持的教育机构，排除高等教育机构，当然像“中公教育”这类的教育集团机构也不在探讨的范围之内，就单从民办教育机构来讲，软硬实力参差不齐，各自做的市场也带有区域性质。民办教育机构在国内的发展道路也比较坎坷，特别是高等民办教育，目前没有太大实力的高校多半是依靠成人教育来赚点钱。

笔者涉足培训行业不算很深，了解得也不是很全面。各种企业培训、技能培训、心理培训等课程，现如今在市场上已经随处可见，随着逐步被挖掘出来的精神需求，未来还会出现各种各样的培训课程。培训行业值钱的是有名气的讲师，另外就是大量的客户。从早期做到现在比较大型的企业培训机构有"聚成"、"汇聚"、"思八达"，还有已经退出江湖的"行动成功"。网络营销培训做得比较有名气的有"单仁"、"牛蛙网"等公司，模式上都大同小异。

接下来谈谈教育培训行业做微信的思路，包括如何寻找切入点。教育培训关键点都是在人的身上，也就是说如何充分利用每个客户的人脉圈子来传播自己的信息，这是一个切入点。在教育培训机构的软实力不过关的情况下，培训出来的效果和满意度肯定也高不到哪里去，而且受限于硬件实力，规模也没办法做大。这个时候除了要先寻找自己如何做"差异化"的方式之外，还需要充分地整合各个行业的资源。"差异化"是企业的战略问题，整合资源只是策略。每个教育培训机构都有主打的强项课程，但是面对客户的多元化需求，相信有不少人已经开始在做课程合作和客户资源互换了。同样的，做微信的思路也是如此，微信只不过是一个便于寻找到合作对象，便于与目标客户沟通的工具罢了。

最后在具体应用的时候就要搭建好框架，把需要的功能添加进去。做微信的目的是找到合作伙伴和目标客户，那么前提肯定是要符合微信官方的利益，不能去搞什么伤害微信用户体验的推广活动。搭建公众账号后每天推送的内容要少点广告，多点实质性的东西，帮助到学员的发展，同时也为自己积累口碑。使用高级模式开发接口方便学员在线报名登记，再以组团报名优惠或加入俱乐部的形式，进一步促进目标客户主动传播，或是计划将目标客户绑定下来，待其成为学员之后再建立沟通平台，方便学员互相交流，未来甚至是互换资源。"十年树木，百年树人"，教育培训行业应该坚持这样的观念。而在微信公众账号上也需要时时为学员传播这种观念，凡是大同之理，想要得到认同就只能靠自己做出来。

教育培训行业做微信本身就有优势，特别是能够随时随地为学员解疑答惑。目前公众平台的实时消息也是可以通过技术手段进行分流客服的，让学员感受到老师和机构的关怀，让微信成为桥梁，帮助学员成长的同时也必将驱动教育培训机构的发展。

8.4 酒店行业如何做微信

本节的主题是酒店行业如何做微信，酒店用品和其他相关的领域不在本节的探讨范围之内。相信有经常关注微信案例的朋友们，或多或少都了解过一个做微信做得还不错的酒店，那就是“布丁”。“布丁”在微信这块算是布局比较早的，当然其酒店相对来讲走的也是特色路线，就好比“桔子水晶”，刚出来的时候炒得很火。最近“桔子”因为一部《屌丝男士2》中出现了日本当红AV女优波多野结衣的镜头，再一次吸引了不少宅男的眼球。品牌连锁的酒店靠这样的事件营销活动取得的效果还是不错的。如业内人士所讲，国内的电影市场还很小，植入了广告也不会像《变形金刚》一样带动整个“通用”汽车的销售，预算足够多，电影就能炒得火。

写到这里逻辑貌似有点乱了，说回酒店行业目前的主要问题还是行业竞争激烈，诸如快捷酒店品牌“如家”、“七天”早已布局到三四线城市了，压得一些小酒店、小宾馆喘不过气来。汉庭集团也推出了“海友客栈”、“汉庭快捷酒店”和“全季商务酒店”三个品牌，并且已经在全国的主要城市完成了网络布局。快捷酒店的需求个人觉得一段时期内还是很大的，不过对一些势单力薄的个体酒店造成了很大的压力。说白了，入住率太低，满意度不高，回头客当然也多不到哪里去。连锁酒店的优势还是在于会员制度，全国通用，再加上在线预订和折扣优惠，自然受到了不少工薪阶层的欢迎。反观目前一些酒店只能依靠团购网站引些客流，处于旅游景区的酒店或家庭式宾馆则与旅行社进行合作。没有品牌、没有硬实力，只能打价格战的日子实在是没法继续过下去，靠着一方水土想活下去的酒店，想做微信的前提还是得先把线下服务质量搞上去，“天生”不足，就只能靠后天努力。

酒店规划做微信的第一步还是先要了解自己的目标客户，给自己的目标客户贴上标签。比如“布丁”酒店就从目标客户的定位出发，会员主要是爱美食、爱音乐、爱电影、爱旅游的年轻人。“布丁”的会员与微信的主流用户重合度非常高，因而在后期的运营方面能很好地切合该群体的需求，包括在内容策划上也很贴近年轻人对潮流时尚的追求。此外，“布丁”在线下的推广资源也相对一些非连锁型酒店要多得多，加上“布丁”的App推广，老会员的短信推广，只要微信公众账号架设完善了，短期内做出一点效果不会很困难。当然，“布丁”也跟“微生活会员卡”建立了合作关系，公众账号内置了HTML 5 预订页面，新鲜感十足的体验符合年轻人的口味。所以，应该先搞清楚自己的目标客户是否适合用微信进行沟通，然后再衡量下有多少资源能够支撑你去推广，最后再考虑如何来布置微信的公众账号。

公众账号布置完毕之后，在推广的过程中要注意每一个细节，特别是线下推广环节。笔者的团队经过市场调查发现，“七天”这样看似很强大的竞争对手，目前在广州市场仍处于观望状态，不少重要地段的门店连试水的第一步都没有迈出。不太习惯做新媒体营销，太过于依赖各大在线预订平台，就连“如家”和其旗下的品牌也是如此。如此一来，对于其他小酒店、非品牌连锁酒店来说机会还是存在的。线下地推的效果不容忽视，每来一个新客都必须要求员工将其引导到公众账号留存下来。此外，入住酒店的客户在入住期间都可以使用微信请求服务，比如当地的每日天气，每日出行路况，酒店网络使用指南等。虽然这些服务本来就已经有了，搭上微信也只不过是为了给客户提供更多的便利，创造出别样的消费体验。线上推广也是如此，每一个流量可能都是从别人的平台过来的，但是下一次还是会从别人的平台过来，这就是用户习惯问题。平台可以给出折扣优惠，返现积分，为什么酒店不通过平台把来的客户留存到微信公众账号上呢？做法很简单，帮每一个新入住的客户开通微信会员卡，会员卡不仅有积分，还可以搭配优惠券等抽奖活动，目的就是“过河拆桥”，让客户掉进河里游不上来，只能大声呼喊把更多的客户叫过来。此处只作比喻，如有雷同，纯属巧合。微信的截流作用一旦发挥出来，做好也是自然而然的事情。

8.5 旅游行业如何做微信

早在草根玩微信公众大号的时候，旅游行业还没有多少人注意到微信的价值。大部分跟旅游相关的公众账号都是以提供资讯服务为主，吸引了大量的订阅用户关注之后，赢利的方式就是承接广告。不过，接下来的清扫活动也让这些存活着的大号如履薄冰：在别人的平台上想划个地盘，但不是你想别人就能随便给你的。说回目前整个旅游行业的情况，最主要的就是产品同质化、价格战、客户留存难三大问题。在线旅游企业为了争抢市场份额打起价格战，无疑就是往线下的伤口多洒一把盐。降价降得很爽，貌似消费者们也得到了利益，但到了线下交付服务的时候，整个行业的通病就开始显现出来。住宿缩水、路线缩水、饮食缩水，要么领队服务态度差，要么导游服务态度差，不同景区的混乱程度这里就不多说了。笔者报团出游多次，没有一次不是花钱买气受。再大的旅行社也很难保证消费者会有多高的满意度，消费者只是想享受组团带来的便利和实惠，但却摆脱不了随时会被坑的心理阴影。

旅游企业传统的产品推广方式包括了线上和线下，线上的推广无非就是与在线平台合作、自建官网投竞价，也可以在QQ、微博等平台寻找免费流量。线下的方式也比较传统，派发传单、免费广告地图、门店LED、企业组织合作等。不过，既然本质上就是服务行业，最有效的推广方式当然还是老客户转介绍。在行业通病无法得到改善的情况下，再怎么花精力拉新也只会拉来一批流失一批。“自驾游”和“背包游”的兴起更是给旅游企业敲响了警钟，虽然普及还需要有一个过程，也不一定会被所有的消费者接受，但至少会淘汰掉一些公司。笔者认为，服务做不好的企业没必要去做微信，公众账号不是一个广告发布平台。在本身自己的线上推广就很困难的情况下，再去多搞一个公众账号，无非就是多了一个需要推广的工具，到头来只会是捡了芝麻丢了西瓜。

旅游企业做微信可以参考早前草根的做法，在内容上精益求精，定期推送景区介绍、天气、吃喝玩乐等信息，也可以通过接入HTML 5网站来丰富内容。公众账号在线报名功能的架设也是很有必要的，最好是能够使用支付宝或网银的方式快捷支付，打通整个微信销售流程。内容上做精还是不够的，如何在内容上不断地向消费者传递自己的服务观念，或者是让消费者自己来分享出游的感受，这才是最关键的地方。绝大多数的旅游企业公众账号还停留在凡内容必含促销活动，凡活动必搞无新意的爱情主题、季节主题、文化主题的初级阶段。不一定什么都要创新，创新不了不可怕，不想创新才可怕。公众账号的定位为什么那么重要，新媒体对于品牌建立与传播的作用不可小觑。找到一个噱头，比如“时尚微旅游”的定位，目的就是借助微信来吸引目标消费者的眼球，吸引住了消费者，才有接下来的运营转化。

其次，把线下的客户资料导入到公众账号上是获取第一批订阅用户的首选方式。一般都是通过手机号码进行导入，或者是群发短信的形式告知，但一定要对客户资料进行分类，区分不同的年龄阶层有针对性地发送，另外还得准备好足够吸引人的噱头文案。单纯地推广对后期运营来讲是没有多大意义的，必须得让消费者养成持续关注公众账号的习惯，乐意使用公众账号安排自己假期的出游，简单的说就是要让消费者离不开你的微信公众账号。这里笔者提供的思路是大幅度鼓励消费者使用公众账号来报名参团，每个团结束之后消费者还可以通过微信填写意见反馈，评价旅游企业、领队和导游，当然路线、住宿等方面也可以评价，而不是像以前那样只能打电话投诉，投诉了之后还不一定能够解决问题。此外，消费者们还可以通过公众账号发布自己此次旅行的感受、游记或者是美照。总之，越有趣、越新鲜，或是越便利、越有内容的公众账号，才能够获得消费者的持续青睐。

8.6 房地产行业如何做微信

近期不少房地产开发商也盯上了微信，纷纷开通了企业的公众账号，在线下的推广渠道中也随处可见。不过，总体来说做得还不够完善。一幅地产广告海报加个二维码，既没有描述清楚二维码的作用，二维码的位置也摆放得不够显眼。普遍抱着试水的态度是可以理解的，但是如此没有规划和下点心思的试水，到头来只能够证明微信的作用非常非常小，可问题却是房地产企业没有真正开发好、运用好。笔者觉得，策划任何一个行业的微信落地方案，首先必须了解该行业的背景，其次是目前的市场营销状况，紧接着才是企业实施微信的目的与预期。

区域不同和实力存在差距的房地产企业，加上自身的定位差异，应用微信时肯定是会有不同的方式。以“富力”为例，广州珠江新城基本算是它的天下，但是到了深圳，那就不得不提“宝能”。做商业地产项目和做住宅项目，前者更加适合运用微信来做持久的营销，而后者更多的是做一次性的推销。之前有网友设想让小区的物业做一个服务型的微信公众账号，想法有新意，但目前来说落地很困难。线下的情况永远都比你站在线上看起来要复杂得多，特别是用户这块，太过于理想化的想法终究是不靠谱的。不过，商业地产也有另类的情况存在，比如广州的“高德置地”，其购物广场方面外包给了“广百百货”，平时很少在媒体上打广告，也不做什么微博微信，唯一做过的就是上一下报纸。但是像“万达广场”这类的项目，做微信还是有必要的。

“万达集团”自己都说过，要研究如何让商家赚到钱，而不是自己能收多少钱。一个商业广场的人流量相当于命脉，而微信的拉人和留人作用不可小觑。“深圳海岸城”就是一个经典的案例，以微信会员卡做为切入点，聚集了人流之后再分给商家们。商业广场如何实施微信，迈出去的第一步就是定位，其实就是公众账号的定位。作为一个面向公众的微信媒体渠道，怎么吸引目标受众关注，传播什么信息给目标受众，如何让目标受众持续地获得利益，能否让目标受众愿意去分享该平台，这是四个主要的关键点。微信公众账号的定位基本和商业广场的定位是一致的，更多的是在内容上要更偏向于目标受众的需求。现如今需求也是要得到升华的，以前大家都认识到物质需求已经不是那么重要，进而开始转向精神需求，再进一步就要升华到未知需求。未知需求貌似说得有点玄乎了，这里是站在消费者的角度上来讲的，可能他在某个特定的环境下才会产生此种需求，而之前并未发现自己有这种需求。切换到企业的角度上来讲，之前就一直寻思如何在满足消费者基本物质需求的同时给予其更多额外的价值，比如说精神上的满足。

商业广场做微信其实就是为了把之前那些很难整合在一起的零散资源，通过微信这样一款移动的沟通工具串联在一起。比如笔者某天下午四点去万达广场看了一场《小时代》，结束后就差不多到了吃晚饭的时间。因为之前已经关注了万达广场的微信公众账号，此时便可以向该公众账号发送相关命令，查询就近哪一家餐厅的饭菜最好吃了。看起来整个流程几乎都是相当流畅地完成了，不过这是笔者的硬性需求，因为肚子饿了，必须靠自己主动。换个思路来讲，微信5.0的出现其实是一件天大的好事。从一开始买电影票就可以直接在万达的微信公众账号上面完成，在线支付了之后得到一张二维码门票。看完了电影之后，万达的微信公众账号通过接口开发实现消息下发，直接就给老马推荐附近的餐厅。其实，就算是不实现消息下发，在输出二维码门票的时候就可以根据该时间点进行判断，然后附带餐厅推荐。

所以说，未知需求可以在特定的环境下产生，就好像女生平时没事爱逛淘宝，本来也没想买什么东西，但是逛着逛着就不知不觉地掏钱包了。商业广场实施微信的主要思路就该这么走，而不是老想着一天能群发多少广告。既然是一个平台，玩的就是规则，广告是跟着消费者的未知需求走的。说白了，设身处地地为消费者着想，服务好消费者，特别是以后微信公众账号上面的用户数据，一旦运用好了价值是无法想象的。

最后可能需要补充一点的就是推广这一块，笔者想到的是一个老掉牙的点子。比如说在情人节的时候开放广场上的LED大屏幕，搞一个微信上墙表达爱意的活动。当然，联合商家一起推广，或者是通过微信会员卡的形式吸引消费者也是不错的选择。地推的效果既可控，对比线上的实现难度也相对较低。推广的方式有很多，有时候是整合着做，有时候是重点挑一种大力地去做，不过最终还是要去研究哪种方式最容易接触到消费者，最容易让消费者接受。

8.7 KTV行业如何做微信

KTV行业目前处于营销过度的状态，各种线下促销、各种噱头均被玩烂了。以广州的“歌哥KTV”为例，该店老板是一位深谙营销之道，或者是有点久玩成精的人，对网络营销认识的深度和广度令笔者都深感佩服。当然也从中了解了这行里面的一些道道，色与利的诱惑营销早已不新鲜，这次搭上了微信，玩来玩去还是想让消费者爽。因而，要从微信的公众平台入手去规划一整套的游戏规则，而不仅仅是摆一个X展架，桌面贴个二维码，显示器打上二维码就完事的。会员折扣与优惠券的吸引力已不同于往日，烂大街的性价比与土掉渣的喝吐血大优惠，触动消费者痛点的力度明显下降。

抛开各个场子的硬件和软件条件不说，靠打擦边球来吸引消费者的做法也有点危险，广州这边针对KTV场所查得还算严格，不像水疗、桑拿、沐足这些场子。其次，擦边只是一时，没有持久可玩的游戏还是不行，毕竟KTV主打的服务是K歌啤酒，性质不一样。之前在搜狐新闻客户端看过一篇报道，说KTV这行经历了从拼硬件、拼噱头、拼价格到无厘头的拼场子服务，拼到现在实在想不出法子了，只能是挑一种比较适合自己的玩法。比如上面提到的“歌哥KTV”，玩的就是性价比。思路都大同小异，现在绝大多数的微信公众平台第三方接口产品，比如会员卡优惠券、微订座系统等产品，配备上了又怎么样，工具始终是工具，还是那句话，做不出效果就等于没做。

大家比较熟悉的海底捞，火锅口味确实一般，可人家也没想着自己就只是卖火锅的。结果，全中国那么多家火锅店，口味做得超凡脱俗的也不在少数，但是能够做出海底捞这样成绩的屈指可数。说白了，满足消费者物质需求的同时超乎他们想象地满足其精神需求，这种额外的价值体验一般的企业还真做不到。KTV行业也是如此，卖酒、卖房、卖食物还不如卖一个“爽”字。

上文写得有点杂乱，KTV行业借力微信必须得量力而行，扬长避短。举个例子，各种烂大街的微信广告，确实会吸引一些不是很了解微信的消费者的眼球，可这批初始订阅用户的转化不是靠他们去主动，而是靠KTV微信运营者去主动。订阅用户进来了之后，接下来的内容就是运营，活动运营也很考验技巧。比如湖南的“乐库KTV”，他们的老板写得一手好文章，而且言辞幽默，经常在文章中与订阅用户打情骂俏，尺度虽大但也算把握得住。不过，这家号称“史上最科技”的量贩KTV终究会陷入内容枯竭的困境，缺乏创意的促销活动也是如此。

还有没有法子或者是思路把KTV的微信做好？答案还是一个“爽”字。微信的接口可以玩的还有很多，把常玩的游戏规则接入进来就是一个很好的点子。K歌少不了摇色子、划划拳，也少不了最近比较火的“疯狂猜歌”，又或者是单身男女微信交友。接入游戏之后，再将促销或者是会员制度结合起来，比如与微信好友比拼摇色子，抢今晚免房费任唱，再送10打“哈啤”，喝不完可存酒但按六七折收费。会员卡和优惠券也可以这么送，但是要设置一定的门槛，比如“疯狂猜歌”或是划拳赢了几盘之后才能拿到。不过，最有吸引力而且能够留存订阅用户的是交友系统或者把妹系统。所以，KTV可以根据自己的需求去定制开发微信接口产品，适合自己的才是最好的。

最后总结一下，卖产品、卖服务说到底卖到现在都是在卖一种体验。市场变了，消费者口味也变了，不变的还是一如既往的营销思维死结。KTV想做好微信，思路需要迈出第一步，当然认识微信是第一步。诉求点抓得OK，思路OK，工具OK，要是还玩不转的话那就是执行有问题。

说到具体的落地执行，KTV必须考虑到的问题有四个。第一是KTV以往的老客户维护如何去做；第二是KTV之前用过的拉新推广方式有哪些；第三是这些拉新方式哪些是有效的，哪些还在使用；第四是这些拉新方式运用到了哪些推广资源。抓住了执行过程中可能会出现的主要问题之后，反过来再去想想微信运营的思路，这就是查漏补漏。微信这款工具能否帮到企业这种基础的问题就不多赘言了，若能结合它的优点把KTV的诉求点切入到消费者身上并产生共鸣，销售达成就是顺理成章的了。

做微信就是做接地气的东西，KTV做微信一样要脚踏实地，妄想着利用微信拉进一大把客户，就好比卖场搞了次成功的促销活动，一次性成交是最不靠谱的。微信改变的不仅仅是普通用户的生活方式，更重要的还改变了

KTV的经营方式。不重视客户维护服务的KTV，不能够在现有的服务基础上给予客户超额体验的KTV，必须被市场淘汰掉一大批。

KTV做微信没有所谓的执行方案，执行都是做出来的，就像笔者告诉了你怎么去把公众账号打造得很完善，自动回复菜单要做得多么有趣，内容要写得多么有人性，微网站和优惠券、会员卡要搞得多么强大，这些都是最基础的工具组合，作为一家KTV不一定需要。同样的，KTV也不是一味地去追求如何多加些粉丝，如何把活动搞大之后效果立马提升。整个市场还处于成长初期，用户还需要进一步教育的阶段，微信是很新鲜，但短期吸引代表不了你继续使用下去还能继续产生效果。为什么现在企业做官网没有效果，为什么现在SEM价格水涨船高，为什么现在很多网络平台做推广都很困难。答案只有一个：产品和服务可以同质化，营销方式和经营理念也可以同质化。中国的企业和商家绝大部分做的都不是事业，而是生意。赚到一块算一块，多赚一块不嫌多。

因而，KTV做微信如何落地的具体操作，方案可以把每个细节都做到。比如活动的主题如何来制定，奖项设置是怎样的，活动规则是怎样的，公众账号的线下推广有哪些手段，公众平台上如何将客服与线下进行对接，公众账号还需要接入什么样的接口应用等。所有这些看似庞大，但是从逻辑上说到底都很简单的东西，作为一家KTV的老板，没有什么样的落地方案是花钱搞不定的。搞不定的那叫商业机密，做不成的方案那叫纸上谈兵。所以，有很多网友经常问笔者某某行业该怎么做微信，某某企业适不适合做微信。从个人的角度上来讲，你需要把自己现在的情况和遇到什么样的困难告知笔者，笔者才敢斗胆出点主意。至于你能不能做得成微信，那就要靠你自己了。

当然目前也有一些行业做出了点成绩，码成文了之后在目前的市场上飞速传播，追捧者多于理性者。笔者在此要说一句，成功都是有前提条件的，成功也不是能随便复制的；今天成功了不代表明后天能成功，今天成功了更不代表其他人照着干也能成功；眼红是没有用的，微信是做出来的，不是吹出来的，也不是每天看着人家干自己就能模仿出来的。

8.8 医院行业如何做微信

做网络营销的都知道，医院里面出来的都是高手，特别是做SEO的。医院营销不仅玩转了传统媒体人，也颠覆了网络营销人的三观。敢待在医院做网络营销的人，要么是去学习，要么只能是高薪才能留得下来的人才。换句话说，敢去学习和挑战自己的人都是勇气可嘉的。当然，也有不少在医院里做得很好的，跳出来自己开公司为医院提供网络营销服务，这里面还是因为体制问题。中国的民营医院是莆田人的天下，莆田人做生意有点类似潮汕人——宁可培养自己家的接班人，也不愿让位于外面的人才。

医院的网络营销早就已经进入了精准化时代，每一个有效的客户数据都令他们趋之若鹜，因而也诞生了不少售卖用户数据的公司。比如，某App安装到安卓手机上之后，获取到一定的权限就可以监控用户的上网行为。通过关键词的抓取以及通讯录的上传获得有效的用户数据，再将数据整理出来卖给医院。可以这么说，任何一个网络平台都存在用户数据泄露，然后被倒卖给医院的问题。医院的网络营销真的没什么好谈的，也没有什么捷径可以走，目前能够做的就是找到更为精准的客户，通过运营好微信来转化。

专科医院做微信还比较容易推广一些，比如男科、妇科和美容整形。如果是集团下的大医院，一些小病种推广起来相对较难。因为制度上多少有些限制，医院在社会化媒体方面做得好的还真不多。主要还是因为这种新媒体与医院所要传播的形象存在出入，虽然医院也在尝试去改变表达方式，但总体感觉还是有点不伦不类。放到微信上来讲也是如此，长期的规划就是运营好公众账号提高转化率；中短期的规划还是通过微信找到目标客户，即时转化或者留存。医疗毕竟不像其他行业，除了慢性病和疑难杂症需要长期治疗之外，二次转化或者留存都比较难做，如果硬实力不过关，客户就会跑。拼完了硬实力之后只能拼软实力，长远来讲品牌的打造很重要。微信的用户群体与医院的目标客户群体存在的交集是很大的，只要是个人，总有生病的时候。之所以热门病种比较好推，关键是主流的客户群体与主流的微信用户群体重合度较高。医院的微信运营人员寻找目标客户的范围应该要缩小，而不是全面性地扩大去推广。

医院想要做微信，笔者认为还是走类似做SEM（搜索引擎营销）抓有效客户的思路。公众账号可以进行分类，针对一些需要长期服务的病种做一个公众账号；针对转化难度较小、硬性需求庞大的病种另外做一个公众账号。以此类推下去，把客户群体按病种不断细分，小医院可以形成病种小矩阵，集团性的就可以形成不同区域医院的大矩阵。实在是非常难推广的病种公众账号，例如肿瘤病种公众账号，那么可以换个思维方式来做，把该公众账号定位成面向病人家属，把运营的内容往护理方面做。公众账号矩阵布局完成之后，接下来就是全面推广，全员利用微信做营销。每个员工的个人微信号都可以发挥一定的作用，但是可能因为制度问题，这些工作一旦调和不了，就只能是负责网络营销的部门去做。

此外，区域的外部环境对微信运营的效果影响也很大，某些地区的微信用户太少，对新鲜事物的敏感度不高，从接受到尝试还需要一个教育的过程。短期内很难出效果，运营人员就会抱怨医院给的辅助推广资源不足，微信做推广很不靠谱。其实，根本的问题可能是运营人员本身的网络推广能力有问题，又或者是在该区域做网络营销还不如在电线杆上贴“牛皮癣”。营销推广不算是医院运营微信时存在的最大问题，最大的问题还是在于医院本身。

第 9 章

微信案例篇

9.1 美肤汇的微信电商初体验

微信的日益火爆吸引了不少关注的目光，护肤品垂直B2C网购商城“美肤汇”日前入驻了微信商城，引起了移动电商业内人士们的激烈讨论。纯线上的网购商城能否借助微信打开移动电商之门，进而向O2O领域发起攻势？在笔者看来，微信与“美肤汇”的牵手目前还只是尝试，显然还有诸多方面是不成熟的。未来还有很多问题需要解决，下面针对其不足之处和未来的发展前景谈谈微信电商是否可行。

1. 平台功能不完善，购物体验仍需改进

“美肤汇”此次与微信的合作，与公众平台现有功能的不同之处在于增加了“美肤汇会员购物专区”，如图93所示。用户需要使用微信查找“美肤汇”公众账号并关注，稍后便会收到成为“美肤汇”会员和领取一份精美礼品的通知，如图95所示。“美肤汇”通过赠送礼品和自动确认用户会员身份

的方式引导用户进入其购物专区进行消费，但从操作上来讲稍显烦琐，用户须点击查看“美肤汇”的账号资料才能进入购物专区，而礼品兑换也只能登录“美肤汇”的Web端商城，输入兑换Key进行获取，如图94所示。用户下订单时需要输入手机号码以便客服电话确认办理货到付款，不支持在线支付也使得整个购物流程体验较差。另外，将商品分享到“朋友圈”的功能有时会出现崩溃的现象，从而导致无法借助社交力量进行实效宣传和流量变现。

图93：“美肤汇”微信名片

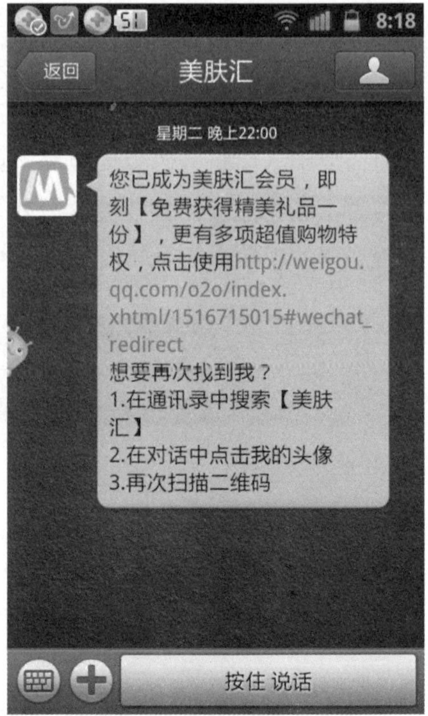

图94：会员活动专区

图95：成功关注“美肤汇”

移动支付一直是困扰移动电商的头等问题，捆绑“财付通”的方式将有利于行业的发展。但只采用“财付通”无法满足用户的不同需求，所以诸如“网银”和“支付宝”等在线支付方式尽管触及到自身利益，微信也不得不采取这些方式。微信商城在导航方面仍需改进，嵌入移动商城的可选插件是不错的选择，问题就在于微信能否打破自身封闭的产品链，敞开胸怀开放平台，而这恰恰也是微信能否赢在移动互联网时代的关键所在。

微信的分享功能是重头戏，其开放平台也在极力推进与各类App的合作，随着“美丽说”、“蘑菇街”等社交导购网站的加入，微信无疑会成为未来电商的一大流量入口。“美肤汇”在此次初体验中暴露出的产品不足之处，相信会在后期的版本更新中得到完善。从双方这一合作兼试错的举动上可以看出微信移动电商战略的走向，有了微信的入局，未来势必会掀起一场巨头大战。

2. 微信移动电商是否会威胁淘宝地位

流量一直是电商之痛，就连传统电商霸主淘宝也不得不抑制社交导购，转而入股新浪微博。投资新浪微博的失败不代表淘宝未来会面临流量危机，不过单纯推广淘宝App的方式则会影响其未来的地位。微信与垂直电商“美肤汇”的合作开了先例，接下来的开放将会吸引更多的电商加入，进而搭建成移动B2C购物平台。暂且不谈微信是否会整合“拍拍”与“易迅”，单就B2C一方面而言就足以撼动“天猫”的地位。

连草根也能自主开通微信的公众账号，假如类似“美肤汇会员购物专区”的功能进一步开放，这就意味着C2C[19]也会成为微信移动商城的一部分。淘宝C店卖家入驻微信不仅扩宽了流量入口，而且成本大大降低。凭借微信基于QQ好友、腾讯微博好友以及通讯录构建的社交关系，获取订阅用户来推广店铺既可以保证精准，又能形成口碑营销效应。维护老客户不再需要CRM，使用微信公众平台即可。使用微信语音、图文能够快速地进行询单或者售后，稳定了客源从而使店铺能够持续发展。如此说来，淘宝的根基也同样面临着挑战。

一个“美肤汇”引发了未来淘宝将面临来自微信移动电商领域正面威胁的设想。至于淘宝的地位能否被微信撼动，这还得取决于消费者和微信自身的发展。此外，O2O也是淘宝不可小觑微信实力的领域，双方或许还会因此大战一番。

总而言之，“美肤汇”进军微信电商初战并非告捷，显然眼球效应大于实际效益。微信电商的平台构想还仅仅停留在起步阶段，能否逾越重重困难还有待时间检验。

9.2　当汽车撞上了微信

微信覆盖的传统行业范围太广，可供参考的高质量案例犹如凤毛麟角，

19　C2C（Consumer To Consumer，即个人与个人之间的电子商务。）

汽车行业也是如此。但这并不代表汽车行业就玩不了微信，就拿2013年走在豪华品牌汽车4S店服务前沿的“奥通”来说，在很多同行还不知道微信是个什么东西时，“奥通”就已经抢先开通了企业微信公众账号“浙江奥通汽车”，并申请了认证，如图96所示。单此举就能在微信公众账号搜索列表中占有一个展示给客户关注的席位，因为公众账号认证了之后被推荐的几率大于非认证账号，而汽车又是热门搜索词。

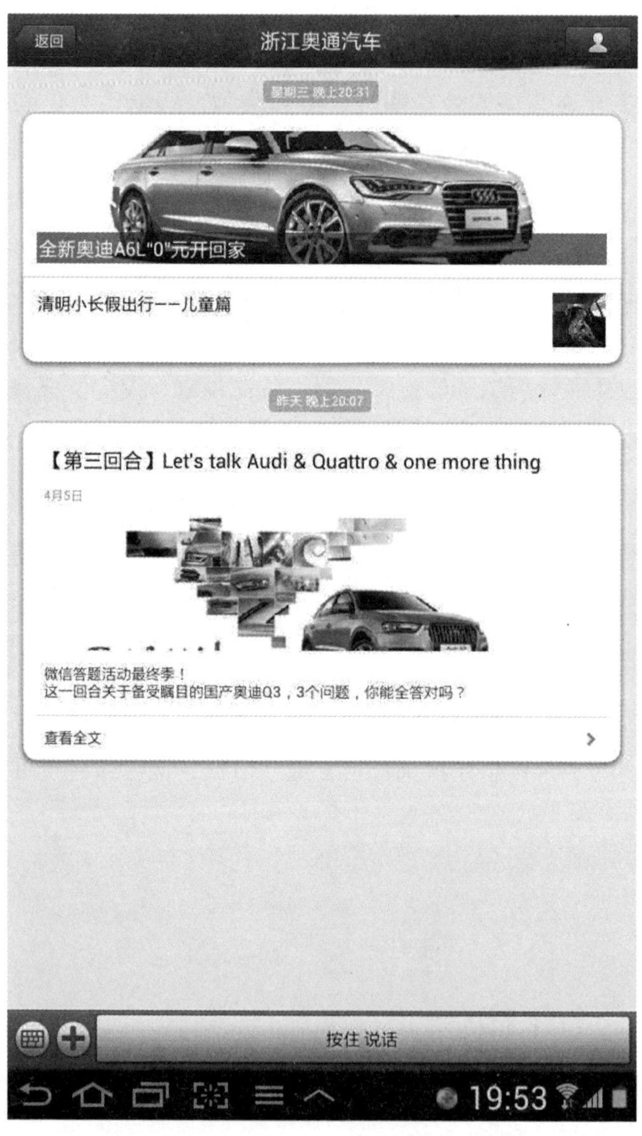

图96：“浙江奥通汽车”企业微信公众账号

站在豪华品牌汽车的角度上来讲，中高端的客户定位非常考验公众账号内容的选择、制作与推送。而且，公众平台上的互动能否延续线下的尊贵式服务，回复实时消息、活动策划又是另一大考验。这就好比当汽车撞上了微信，做得好就能碰出点火花，做不好就成了一堆废铜烂铁。与“奥通”的微信负责人短暂接触之后，他们坚持不乱撒网、不盲目过分地追求订阅用户数量，只想让已有客户和潜在客户了解自己公众账号的营销理念，与笔者不谋而合。有了正确的营销理念，做事情才不会犯傻，笔者不只一次在前文中提到要做好微信必须要有正确的理念，可现在还是有不少人喜欢短平快、虚假炒粉等在微博上都玩烂了的那一套。微信不是下水道，别倒那些你自己都会觉得烦的东西。

公众平台每天群发的图文中一张尺寸为700×300像素的头图都要经过精心设计，更不必说文章的摘要提炼。图文相结合在整体上保证诉求表达清晰，外加开发基于微信接口的手机版网站用以丰富内容，这些细节上的雕刻看得出“奥通”对订阅用户负责的态度。内容上做得用心，传递给客户的感觉就会不一样，这种内容上的体验就能促成客户主动去体验线下的服务。说白了，微信就是提供一对一对话的场所，内容上的感觉就会给客户形成一个“首应效应”。当然，微信也不能太过于追求内容上的精致，否则就会本末倒置。微博的营销价值之所以会逐渐消退，很大一部分原因出在大家都在想怎么样去抠出140个字来，后来发现140个字不够，还得整成长微博，还得注意发布时间、发布频率。

此外，在微信上策划活动，把自己的品牌糅合进去，或者是借助品牌的优势，效果会提升一个档次。“奥通”策划的R8 ADE赛道培训和送原厂Q7车模的活动，搭上了不少国际知名汽车品牌的便车，反过来又跟自己的服务紧密对接在一起。通常来说，一般的汽车4S店都可以利用汽车品牌进行品牌背书，以此来弥补自身品牌知名度的不足。“奥通”的另外一个优势在于，活动奖品设置得非常有吸引力，通常令竞争对手很难模仿。不像现在微博上到处都送iPad、iPhone，这样做既能突出品牌个性又能保证一定的关注度。

归结到底，维护好一个老客户所带来的效益等于三个新客户，成本却只有后者的1/3。汽车行业撞上了微信，其影响并非微不足道，同时期待未来其他传统行业也能出现几匹利用微信逆袭的黑马。

9.3 如何利用微信卖土鸡蛋

笔者公开课上的一位学员很早就想在微博和微信上销售自己的农产品，但是一直没有找到好的思路和方式，联系过笔者好几次，皆因笔者工作较忙也没能给予其详细解答。本节算是给这位现代农民提供一个利用微信卖农产品的操作思路，另外正在从事农产品销售的朋友们也可以借鉴。

先大概描述下这位学员目前的情况，他叫老丁，家里养殖了一批土鸡，每天能生产上千个蛋。以前一直在线下销售，但自从微博上有位海南的哥们把土鸡蛋卖火了之后，老丁就开始寻思如何在微博上卖鸡蛋。接着，微信这款营销利器横空出世了，老丁的微博还没玩转，又火急火燎地做起了微信公众账号。到目前为止，老丁想在微博和微信上卖土鸡蛋的想法都暂未实现。

老丁家的土鸡养殖是无公害的，喂的是中草药和稻谷，鸡是每天遍地走，下出来的蛋营养价值也高。这么好的土鸡蛋，就差一个渠道把信息传递出去找到买家。其实，老丁的土鸡蛋如果打无公害的牌子，已经不好使了。打养生的牌子，竞争貌似也挺激烈的。噱头就好像定位，比如安全的汽车就是沃尔沃，电脑操作系统就是微软的Windows。老丁必须得突围而出，从自身的品牌定位入手，不一定非得与众不同，但必须得切入需求要害。

接着补充一下老丁现在在做一个叫“健康厨房”的微信公众账号，灵感貌似来自“姐妹厨房”。从名字上来讲，“健康厨房”的范围是比较窄的，与微信的主流用户交集也不算很大，但对于老丁来讲，打开了全国销售之后也足够做了。下面具体讲下思路。

首先，老丁的土鸡蛋要品牌化，市场定位要精准。微信用户以年轻群体居多，简单来进行划分，属性上包括上班一族，单身或非单身；收入水平分白领和蓝领两个阶层；碎片化时间集中在上下班挤公交地铁以及吃饭、蹲厕等。这些用户下厨机会少，普遍叫外卖或吃快餐，若在大都市则因生活工作节奏较快而不注重养生。那么，老丁的“健康厨房”可以忽略掉这部分群体，转向少妇、孕妇、中年妇女等群体。这里并不是说男性用户不用去关注，而是得区别关注。男性用户不像女性用户，你传播的信息需要理性，而且生活在大都市的男性用户下厨的几率还是比较小的，但不能说没有，毕竟如今男女平等，会下厨的男人很吃香。扯得有点远了，总结一下，老丁的目标客户就是注重生活品质、有时间并愿意尝试新鲜东西、掌握家庭日常消费决定权的微信活跃使用者。

确定了目标客户群体之后，别忘了潜在客户群体。潜在客户群体就是刚刚说的年轻群体和男性群体。鉴于现实情况，男性本来算得上目标客户，之所以分开说明，目的还在于后面的内容营销。年轻群体因身体素质及观念上的问题，注重养生的并不多，对于养生保健行业来讲是一座尚未开掘的金矿，但目前需要做的仍是市场教育。对男性群体进行内容营销难度大一些，数据和例子是必不可少的，讲起故事来极为考验文案功底。

定位完成了之后，老丁的土鸡蛋还需要一个响亮的名字。“健康厨房”只不过是作为一个传递品牌信息的媒体平台，正所谓“好名自有好运来”。暂定老丁的土鸡蛋品牌名称为“老丁土鸡蛋”，品牌口号暂定为“用心养好鸡，精心挑好蛋”。那么接下来的品牌LOGO设计、故事设计、服务设计就得下点工夫去执行了。概括来说，一个品牌包括了显性因素、隐性因素、支持因素。显性因素即是品牌形象，隐性因素即是品牌个性，支持因素即是产品及服务。显性因素是很容易打造出来的，就算老丁不懂得去设计品牌形象，随便在网上找个外包平台也能够轻松完成，例如“猪八戒威客网”。

品牌的隐性因素就需要用心提炼，“老丁土鸡蛋”究竟是代表着健康养生，还是代表着天然无公害？小小的鸡蛋里面有没有养鸡主人的故事？客户吃了“老丁土鸡蛋”，体验与吃其他土鸡蛋究竟有什么不同？客户一见到“老丁土鸡蛋”，会不会联想起小时候在农村的生活，或是仿佛身处于田野之间感受到那份鸡犬相鸣的气息？品牌的支持因素是“老丁土鸡蛋”需要长期操练的硬功夫，无需多言。

品牌有了，“老丁土鸡蛋”还需要丰富的内容，才能够在网上进行传播吸引客户的眼球。据笔者了解，老丁平时很少写东西，做内容方面的营销有心无力。在此重申一下笔者在之前一篇题为"狗屁微营销"的文章中提及到的观点，套用"好男人"曾小贤的一句名言来讲，那就是"多读书、多看报、少刷微博、多睡觉"。文案写作能力是可以锻炼出来的，而文案在信息爆炸的今天又是非常重要的。可以这么说，未来的网络营销本质上就是内容营销。客户喜欢看故事，而不喜欢硬性打断他们思考、生活、工作的广告。因此，"老丁土鸡蛋"进入了"健康厨房"，老丁就成为了打造健康食谱微信节目的养生大厨，每天将为订阅用户分享如何识别和储存土鸡蛋，如何充分吸收土鸡蛋的营养成分，再如何利用土鸡蛋搭配其他农产品食材进行烹饪。同时，老丁亦可以将自己生活或工作上的趣事、写照作为分享内容，这样既朴实又真实。

内容上的拓展空间很大，例如"每一只土鸡蛋都有一个小小的故事"。"鸡蛋，从外面打破是食物，从里面打破就是生命"。另外，国内食品安全危机一时得不到缓解，老丁就可以每天曝光大都市厨房里的垃圾食材。况且，土鸡蛋只不过是老丁的产品之一，加上其他农产品，内容是取之不尽的。笔者在早前文章中提及的"山妞果蔬"就是一个非常经典的案例，其背后推广的"月山村"及"原产地天然农产品"，正在借助微信不断地提升影响力，有需要的朋友不妨关注学习一下。

内容策划完成了之后，推广问题又摆在了老丁面前。微信公众账号就好像一个网站，老丁需要引人关注这个网站，而这个网站平台还有社交的功能。苦恼的是老丁没有网络推广的经验，作为新手不知道如何去推广微信公众账号。笔者建议老丁可以从以下几个途径入手。

第一：首先利用自己的微信个人号加好友，委托好友推荐自己的微信个人名片去拓展微信朋友圈，从而增加自己的微信好友数量。再者，将已有的微信好友分类创建微信群，以便交流。

第二：利用QQ加入一些健康养生、美食等QQ群，凡是有目标客户存在的QQ群，都可以加入。其次，论坛、贴吧等平台都可以利用，思路基本上是差不多的。

第三：在微博上寻找互粉，主动出击关注目标客户。另外，在微博上搜索一些“养生、鸡蛋、厨房、下厨、健康食谱”等关键词，然后从搜索结果中筛选出目标客户。

第四：养成写文章的习惯，开设自己的个人博客。待文章数量及质量上有了提升之后，主动去接触各大网站的美食栏目和养生栏目，美食论坛和养生论坛，申请成为专栏作者或论坛版主，将自己的内容进一步传播出去，扩大“老丁土鸡蛋”的品牌知名度。

第五：完成以上工作之后，下一步就是将吸引来的眼球，转移到微信公众账号上。老丁的微信公众账号不需要设置太多花哨的功能，只需要提供发送微信下单的功能即可。

推广方面的建议就是这些了，要想真正运营好微信公众账号还需要老丁经常和订阅用户进行互动交流。在微信上卖土鸡蛋，不是不可能，而是需要先计划，落实时把握好细节。